왜 학교에서 문학을 읽어야 하는가?

추천의 글

우리 시대의 문학과 그 교육에 관하여

정재찬 | 한양대학교 국어교육과 교수, 『시를 잊은 그대에게』 저자

문학이란 무엇인가. 롤랑 바르트는 한 마디로 이렇게 정의 내렸습니다. "Literature is what gets taught. Period!" 번역이 까다롭긴 하지만, 문학은 우리가 문학이라고 배운 것일 따름이라는 뜻으로 읽어도 크게 어긋나지는 않을 것입니다. 그렇습니다. 문학이 문학 교육이고, 문학 교육이 곧 문학입니다. 우리가 제대로 문학을 가르치고 배웠더라면 문학은 우리 곁에서 지금도 우리에게 꿈과 위로와 성찰을 제공해 주었을 것입니다.

가령 우리가 가르치고 배운 대로 말하자면, 서정시란 시적 주체가 시적 대상, 곧 세계를 자신의 정념으로 내면화하거나 동일시하는 장르입니다. 용기 내어 쉽게 말해보자면, 벚꽃 같은 사물, 노을

같은 현상, 사랑 같은 사건, 이별 같은 숙명 따위까지 어느 날 문득 시인의 자아 속으로 쑥 빨려 들어오는 듯한 순간이 있다는 것입니다. 시는 그렇게 싹이 트고, 그렇게 자라나 시가 됩니다. 그럼 그 시를 우리 독자가 접할 때 이번에는 다시 우리 독자의 자아 속에 회감이 일어나며, 그 시와 시인의 순간이 우리 내면 속으로 스며든다는 것입니다. 더구나 시는 우리를 계몽하지도 않으며, 잔소리조차 늘어놓지 않습니다. 짧게 툭, 추억의 사진처럼, 영화처럼, 예전에 엄마가 해준 그 익숙한 국 냄새와 맛처럼, 한때 즐겨 입었던 털스웨터의 감촉처럼, 그렇게 왈칵 다가들었다 떠날 따름입니다. 하지만 시는 또한 노래여서, 노래처럼 오랫동안 우리를 붙듭니다. 길거리 라디오에서 만난 노래 한 곡이 저건 내 노래다 싶어지면 그걸 신물 나게 듣고 또 듣고 그러다 잊었다가, 한 세월 지나 다시 들려오면 금세 그리움에 사무치게 되는 것처럼, 시는 그렇게 우리를 찾아와 오래 머뭅니다.

　이렇게 문학을 향유하게 하는 곳이 우리 문학 교실이어야 합니다. 무릇 향유란 자유롭고 풍요롭게 누리는 것이어야 할진대, 지난날 우리 문학 교실은 문학을 정설로, 정답으로만 강제적으로 엄히 축소해 버렸습니다. 차라리 그냥 두었더라면 그 자체로 풍요로웠을 문학이 오히려 말라비틀어졌고, 그리하여 강을 건너면 돌아서서 버리고 마는 배처럼 학교를 떠나면 곧장 문학을 멀리하는 형국이 되어버렸습니다.

우리가 문학을 떠났을지는 몰라도, 문학이 우리를 떠나지는 않았습니다. 다행히도 문학은 여전히 힘이 셉니다. 아니, 더욱 그 힘을 필요로 하는 시대가 되었습니다. 숱한 연결과 접속 속에서 아이러니하게도 고립과 불안에 도달해 버린 이 시대에, 우리는 문학을 통해 구체적인 인격의 만남과 소통을 이루어야 합니다. 미디어와 인공지능의 소유로 인해 도리어 진실과 지혜를 갈구하게 되어버린 이 시대에, 우리는 문학을 통해 언어의 표면과 이면은 물론, 그 사이의 빈틈까지 읽어내는 진정한 문해력을 키워 나가야 합니다.

데니스 수마라의 『왜 학교에서 문학을 읽어야 하는가』는 바로 이런 관점에서 문학을 다시 가까이하고 진정으로 향유하는 문학 교육을 지향합니다. 문학 작품에 상상력과 해석, 통찰을 불어넣고 이를 축적하며 확장하도록 이끌어 줍니다. 또한 문학에 대한 자신과 타인의 생각을 공유하고 상호작용하는 과정을 통해 개인은 성장하고 공동체는 집단적 정체성을 회복하며 문학 교육을 새롭게 만들어 갈 수 있다고 말합니다. 그래서 개인과 공동체의 더 나은 미래를 위해 문학과 문학 교육이 해야 할 역할이 여전히 크다고 믿는 우리 시대의 더 나은 사람들에게, 바로 여러분에게 이 책을 추천합니다.

추천의 글

속도가 체험을 삼켜버린 시대, 문학 읽기라는 초점 행위로의 초대

김성우 | 리터러시 연구자, 『인공지능은 나의 읽기-쓰기를 어떻게 바꿀까』 저자

쉴 새 없이 쏟아지는 정보를 따라가는 것만으로도 벅찬 시대, 분주한 일상 속에서 문학에 푹 빠지는 경험에는 어떤 쓸모가 있을까요? 시와 소설 읽기의 가치는 그저 '쓸모없음의 쓸모'와 같이 알쏭달쏭한 말로 표현될 수밖에 없는 것일까요? 저자 데니스 수마라는 이 질문에 대해 설득력 있는 답으로 '초점 행위 focal practice'라는 개념을 제시합니다. 초점 행위는 말 그대로 무언가에 집중하는 활동으로, 우리를 수동적 관찰자에서 적극적인 참여자의 자리로 이끕니다. 그저 지각하고 수용하는 사람에서 자신과 세계를 변화시키는 존재로의 변신을 돕는 것입니다.

대표적인 초점 행위인 문학 읽기는 텍스트에 대한 면밀한 주의

를 요구합니다. 독자는 단어의 미묘한 뉘앙스, 문장의 리듬, 은유와 상징의 그물망, 주어진 것과 주어지지 않은 것 사이의 긴장 사이를 누비며 다른 세계와 만납니다. 그렇게 텍스트의 목소리에 귀 기울이는 가운데 인간 경험의 깊이와 복잡성, 비참함과 아름다움을 마주합니다. 나아가 다른 시공간에서 한 작품을 다시 읽는 행위는 초점 행위를 새로운 차원으로 변화시킵니다. 달라진 삶의 궤적 속에서 텍스트의 의미는 요동치고, 간과했던 단서들이 드러나고, 깨달음의 지점 또한 이동합니다. 그렇게 깊고 또 오래 문학과 관계 맺음으로써 자신이 경험하지 못한 타인의 삶을 구체적으로 상상하고 자신도 몰랐던 자신을 발견합니다.

엄청난 속도로 텍스트를 쏟아놓는 인공지능의 위세 앞에서 문학의 자리는 좁아지는 듯합니다. 하지만 텍스트의 생산이 아무리 빨라진다고 해도 인간이 글을 읽는 속도, 이해와 경험의 관계는 그대로입니다. 그렇기에 문학의 가능성과 가치는 쉬이 잦아들지 않을 것입니다. 문학 읽기는 순간에 온전히 머물면서 과거, 현재, 미래, 그리고 가상의 세계까지 체화할 수 있는 더없이 멋진 실천입니다. 그런 면에서 『왜 학교에서 문학을 읽어야 하는가』는 속도가 체험을 삼켜버린 시대에 문학의 가치와 효용을 일깨우는 소중한 안내서가 되어줄 것입니다.

> 추천의 글
>
> ## 문학을 읽는 일은
> ## 인생을 사랑하는 가장 좋은 방법
>
> 장은수 | 문학평론가, 편집문화실험실 대표

이 책을 읽으면서 학교 다닐 때 문학 작품을 읽고, 친구들과 이야기하고, 글을 쓰던 시절이 떠올랐습니다. 마음 닿는 문장에 밑줄 긋고, 매력적인 인물들 이름에 동그라미를 치고, 여백에 떠오르는 생각을 끼적이고, 나중에 그 흔적들을 꼼꼼히 더듬으며 길고 짧은 글을 쓰곤 했습니다. 달동네 좁다란 다락방에 갇혀 있던 내게 문학 읽기는 세상을 향해 열린 창이었고, 인생을 생각하는 계기였고, 자아를 고쳐 쓰는 촉매였습니다.

이 책에서 저자는 문학과 철학, 교육학과 인지과학, 인류학과 문화연구 등의 연구 성과를 집약하여 학창 시절 누구나 한 번쯤 겪었을 이 매혹적 경험이 한 사람의 삶에서 배우고 평생 거듭할

만큼 중요한 실천임을 알려줍니다. 문학 작품을 읽을 때, 우리는 그 작품 속 세계에 뛰어들어 자유롭게 움직이는 나를 떠올리고, 인물의 행동과 사유가 뜻하는 바를 따져보며, 이를 바탕 삼아 자기 삶을 되비추는 과정에서 크고 작은 깨달음을 얻습니다.

이렇듯 통찰력은 마음을 하나로 모아서 자기와 타자의 삶에 몰입하고, 이를 되새기며 이해하는 경험 속에서 생겨납니다. 문학적 참여, 즉 여러 번 작품을 꼼꼼히 읽으면서 타자의 삶을 세세히 살피고 이를 음미하면서 체화하는 수업은, 우리가 인생을 나누면서 통찰력을 기르는 가장 확실한 방법이기도 합니다. 저자는 이런 통찰력 수업이 타자와 함께 공명함으로써 자기를 존중하는 법을 배우는 것이라고 말합니다.

이 책은 문학을 읽는 일이 인생을 사랑하는 가장 좋은 방법임을 우리에게 알려줍니다. 삶을 사랑하는 법을 배우는 건 쏟아지는 정보 속에서 주의력을 도둑맞고 무의미와 공허 속을 떠도는 현대인의 삶에서 가장 필요한 역능입니다. 이 책은 교실에서, 도서관에서, 독서 모임에서 문학을 함께 읽는 구체적 방법을 안내함으로써 우리가 그 힘을 내면에 간직하는 길을 열어줍니다.

왜 학교에서 문학을 읽어야 하는가?
{ 상상하고 해석하며 다시 생각하기 }

데니스 수마라 지음 | 오윤주 옮김

노르웨이숲

WHY READING LITERATURE
IN SCHOOL STILL MATTERS

© 2002 by Routledge
All Right Reserved.
Authorized translation from English Language edition published by Routledge,
part of Taylor & Francis Group LLC.
Korean translation copyright © 2025 by Norweigian Forest.

- 이 책의 한국어판 저작권은 대니홍에이전시를 통한 저작권사와의 독점 계약으로 노르웨이숲에 있습니다.
- 저작권법에 의해 한국내에서 보호를 받는 저작물이므로 무단전재와 복제를 금합니다.

서문
―――――――――

 이 책에서 나는 문학 읽기가 깊은 통찰을 가능하게 하는 초점 행위가 될 수 있다고 말하고자 한다. 정원을 돌보는 정원사처럼, 통찰 얻기에 관심 있는 독자는 자신이 읽고 있는 작품에 온전히 몰입하는 태도를 길러야 한다. 그리고 즉각적인 결과물이 반드시 가장 중요한 것은 아니라는 사실을 이해해야 한다. 깊이 읽는 행위는, 정성을 들여 가꾸고 돌보는 정원사의 일처럼, 그 자체를 넘어서는 지식을 생성하는 힘을 지닌다.
 이 책의 제목 '왜 학교에서 문학을 읽어야 하는가? : 상상하고 해석하며 다시 생각하기'는 두 가지 중요한 아이디어를 담고 있다. 첫째, 문학적 참여가 사고를 위한 흥미로운 장을 열어줄 수 있음을 제시한다. 둘째, 공교육이라는 기획은 여전히 중요한 사회적 과업임을 보여준다. 학교는 '표상하고, 상상하며, 해석하는' 지식 활동을 중심으로 세대 간 관계를 명시적으로 발전시켜 나가기 때문에, 인간 경험에 대한 통찰을 만들어 내는 중요한 공간으로 계속 기능한다. 학교는 문학적 참여를 통해 해석을 공유하는 교육 구조를 만들어 냄으로써 세계에 대한 진리 인식의 경계를 계속해서 확장할 수 있다.

이 책의 주제는 매우 단순하면서 동시에 매우 복잡하다. 문학적 참여 및 해석 행위는 개인의 자기 정체성을 유지하는 데뿐만 아니라 상상력의 세계를 확장하는 데에도 유용하다. 이 책에서는 문학적 참여의 가치에 대한 이론적 논의를 제시하는 한편, 학교 맥락에서 문학 텍스트를 새롭게 바라보고자 하는 교사에게 실질적인 조언을 제공하고자 한다.

이 책에 담긴 생각들은 여러 해에 걸친 탐구의 결과물이다. 나는 원고의 최종본을 읽으며 누구나 엄청난 양의 정보에 쉽게 접근할 수 있는 이 시대에 왜 자세히 읽기와 깊이 있는 해석 행위를 계속해서 장려해야 한다고 생각하는지 자문해 보았다. 몇 개의 '키워드'를 검색 엔진에 입력하기만 하면 어떤 주제에 대해서든 정보를 얻어낼 수 있다. 그러나 내가 이 책에서 주장하는 바와 같이, 정보에 대한 접근이 반드시 이해를 보장하는 것은 아니며, 또한 깊은 통찰을 위한 조건을 창출하는 것도 아니다. 이해는 해석을 필요로 하며, 해석은 학습된 활동을 통해 형성된다. 학교에서 문학을 읽는 것은 여전히 중요하다. 왜냐하면 문학 읽기는 학생들에게 해석 활동을 배울 수 있는 기회를 제공하기 때문이다. 이는 문학 해석 활동에 참여하는 모든 학생들이 이후의 삶 전반에서 이러한 활동을 지속해 갈 것임을 의미하지는 않는다. 그러나 최소한 학생들은 자신의 경험에 대한 깊은 통찰력을 기를 수 있는 하나의 구조를 배우고, 자신의 경험이 역사와 현재의 맥락에 의해 어떻게 영향을 받는지를 이해하게 될 것이다. 앤 마이클스가 소설『흩어지는 조각들』(1996: 82)에서 제안한 바와 같이, 통찰력을 기르는 방법을 배우는 것이 중요하다.

> 어떤 풍경을 잘 알면, 다른 풍경들도 모두 다르게 볼 수 있단다. 어떤 장소를 사랑하는 법을 배우면, 다른 장소를 사랑하는 법도 배울 수 있지.

이 책에서 나는 문학적 경험이 하나의 장소라고 주장할 것이다. 그 장소의 세세한 내용에 주의를 기울이는 것을 배움으로써 독자는 자신의 삶의 질을 향상시킬 수 있다.

나는 독자들이 이 책을 해석을 위한 '공통 공간'으로 생각해 주기를 바라면서 '메모'를 위한 여백을 많이 남겨두었다. 나는 독자들이 여백에 메모하면서 이 책에서 제시하고 있는 논의에 적극적으로 참여해 주기를 바란다. 개인 장서에서처럼 이 책에 대해 끼적인 흔적들은 흥미진진한 해석의 공통 공간을 만들어 낼 수 있다. 이러한 흔적들은 여러 독자가 만들어 낼수록 더욱 흥미로워진다. 나는 이 책의 독자들이 자신들의 주석이 달린 책을 다른 독자에게 기꺼이 전달하기를 바란다. 그렇게 함으로써 텍스트는 저자 생각의 흔적뿐 아니라 그에 대한 다양한 독자들의 참여 기록까지를 담은 역사적 문서로서 명시적으로 기능할 수 있게 될 것이다.

문학적 참여의 복잡한 측면을 표현하기 위해 나는 두 가지 글쓰기 스타일을 사용해 이 책을 썼다. 5개의 장은 일반적인 설명문 형식으로 전개된다(1, 2, 4, 6, 8장). 나머지 장들은 경험 기술적 형식을 따랐다(3, 5, 7장). 경험 기술적으로 쓰인 장들에서는 언어와 언어의 문자적 표현이 어떻게 인간의 정체성을 상상하고 창조하고 해석하기 위한 구조를 만들어 내는가에 집중했다. 독자는 텍스트의 일부 내용과 자신을 동일시하고, 이러한 동일시와 독서 맥락 사이의 관계를 발전시켜 나가는데, 그 결과 복잡한 연관망이 형성된다. 나는 경험 기술적 장들을 통해 이러한 연관망의 복잡성을 드러내고, 책 전반에 걸쳐 제시된 논의를 발전시키고자 했다. 이러한 경험 기술적 글들이 문학적 픽션의 형식이라고 주장하는 것은 아니지만, 그와 같은 효과를 의도하기는 했다.

1장에서는 간략한 문학 경험의 자서전이 제시되는데, 이는 2장에서 언급할 아이디어와 연결된다. 나는 문학적 참여로부터 생겨나는 통찰력이 지리적 변화를 닮았음을 표현하기 위해 '점진적 순간'이라는 표현을 사용했다. 늘 명백하게 드러나는 것은 아니지만 자연 세계의 거대한 변화들이 그렇듯이, 사고에 있어서의 큰 변화는 작은 변화들의 복잡한 안무 뒤에 일어난다. 이는 깊은 통찰을 얻으려면 긴 시간 동안 텍스트와 지속적이고 긴밀한 관계를 맺는 것이 필요하다는 것을 잘 보여준다.

2장에서는 문학 텍스트에 대한 깊은 통찰력을 기르기 위한 전략으로서 '커먼플레이스 북'[1]의 활용법을 소개한다. 이는 마이클 온다치의 소설 『잉글리시 페이션트』를 읽은 교사들과 함께 수행한 연구 및 로이스 로리의 『기억 전달자』를 읽은 5, 6학년 학생들과 함께 수행한 연구를 기반으로 한다. 이 장에서는 문학적 참여에 대한 새로운 생각을 가능하게 하는 텍스트를 검토하고, 인간의 학습에서 중요한 위치를 차지하는 '문학을 통한 관계 맺기'를 이

---

[1] "책이나 시집 등에서 어떤 구절을 옮겨 적고 나름의 감상을 덧붙이곤 하던 노트"를 말한다(옥스퍼드 영한사전 참조). 서양에서는 중요한 기록물의 한 장르로 인식되며, 작가나 유명 인사의 책으로 출간되어 널리 읽히기도 한다. 'Commonplace Book'은 사전적으로는 '비망록'이라 번역되는데, 우리나라에서 비망록은 "잊지 않으려고 중요한 골자를 적어둔 것"(표준국어대사전 참조)을 말하며, 주로 회고록과 유사하면서 좀 더 개인적인 성격이 강한 경험의 기록물을 지칭한다. 이 책에서 'Commonplace Book'은 독자가 스스로 작성하는 문학 작품에 대한 해석 작업의 물리적 표현물이자 공유를 위한 매개물로서 중요한 의미를 지니므로, '비망록'이라는 용어보다는 '해석 포트폴리오'나 '주석본', 또는 '공유 노트'라는 표현이 더 본래의 의미에 가까우나, 모두 완전하게 적합한 설명이라고 보기는 어렵다. 따라서 이 글에서는 원어를 그대로 수용하여 '커먼플레이스 북'이라는 용어를 사용하고자 한다.

해하기 위한 개념 틀을 제공한다.

3장에서는 첫 번째 경험 기술적 텍스트를 제시한다. 이 장에서는 문학 텍스트 및 독서 맥락과 독자의 해석이 맺는 관계가 얼마나 복잡한가를 드러낸다. 문학적 참여가 필연적으로 문화적 공통 감각이나 일상의 관행을 중지시킬 수밖에 없음을 밝힌다. 나는 이 글에 "문제를 일으키는 몸들"이라는 제목을 붙이고, 이를 통해 생물학적인 몸들, 문학적이고 이론적인 지식의 몸들, 문화적이고 집단적인 몸들이 어떤 방식으로 계속 서로 교차하는가를 보여주고자 한다. 이러한 몸들은 문제를 일으킬 수 있는데, 이때 문제를 일으킨다는 것은 매우 중요한 의미를 갖는다. 다음 장에서 자세히 논하겠지만, 인간이 일상에서 의식하지 못했던 세부 사항들을 알아차리기 위해서는 기존의 인식이 중단될 필요가 있다.

4장에서는 주체를 고정된 것 혹은 사회적으로 구성된 것으로 생각하는 정체성 형성과 관련한 상식적인 견해에 의문을 제기하면서 진화 생물학, 신경과학, 생태학 연구로 뒷받침되는 정체성에 관한 복잡한 관점을 제시한다. 이 장에서는 멤 폭스의 그림책인 『할머니의 기억은 어디로 갔을까?』의 읽기 사례를 활용해 기억, 문화적 사물들, 읽기와 해석 행위를 포함한 서사 행위들 사이의 복잡한 관계를 해석한다.

5장에서는 어떻게 문학적 참여가 인문과학 연구의 한 형태로서 개념화될 수 있는지 살펴본다. 이 글에서는 제2차 세계대전이라는 사건을 중심으로 내 부모님의 삶을 들여다보면서 조상과의 역사적 관계를 해석하고, 앤 마이클스의 소설 『흩어지는 조각들』을 읽고 문학 인류학적 연구 방법을 적용한 사례를 제시한다. 문학적 참여는 역사, 기억, 문화, 지리, 언어, 정체성 간의 관계를 분석한 역사적·철학적·이론적 문헌을 활용해 문학을 해석하는 방식이다. 이러한 텍스트들 외에도 개인 물품들을 조사해서 어떻게 인간의 정체성이 문화적 유산에 의해 형성되는지, 이러한 것들이 문화적 지식과 연결되어 이해될 때 어떻게 새로운 의미를 갖게 되는지를 보여주고자 한다.

6장에서는 마사 브룩스의 청소년 소설 『본 댄스』를 읽으면서 얻은 통찰력을 바탕으로 인간의 감정과 애착은 학습된 경험이라는 점을 제시한다. 사랑의 경험은 발견되는 것이 아니라 만들어지는 것이라고 제안함으로써, 담론적 실천이 정체성을 만들어 내는 복잡한 방법들을 주목한다. 이런 관점에 따르면 사랑의 애착은 주의 집중과 분별의 과정을 거쳐 발달한다. 문학 텍스트를 자세히 읽는 것과 같은 마음챙김 행위는 생각, 풍경, 행위, 사람에 대한 애착을 형성하는 방법을 배우는 데 도움을 줄 수 있다.

7장에서는 '체화된 읽기'에 대한 정교한 이해를 도모한다. 진화 생물학과 신경과학의 최근 연구 논문들을 고려하면서, 마크 살츠만의 소설 『아름다운 선택』을 읽으면서 얻은 통찰력을 통해 인간은 지각 및 해석 능력을 발달시키기 위해 마음을 집중하는 초점 행위를 필요로 한다는 것을 설명한다. 고등학교 때 가톨릭 수련회에 참석했던 내 기억이나 교직 수업에서 내가 학부생들과 함께 사용하는 해석 활동을 고려해 볼 때, 이러한 이론적 통찰력은 학교 맥락에서 의례화된 상상력과 해석 활동을 개발하는 데 도움이 될 수 있다.

8장에서는 주의 깊은 읽기 및 쓰기 행위가 개인적·문화적 통찰력을 기르는 중요한 조건들을 형성한다는 사실을 밝힌다. 학교에서 문학이 중요하게 다루어지기 위해서는 '진리'를 탐구해야 한다거나 상식을 재생산해야 한다고 주장하는 학습이론으로부터 벗어나야 한다. 학교교육에서 문학 공부가 최우선해야 한다고 주장하는 것은 아니다. 다만 문학적 참여와 해석 행위가 인간 사회 및 문화에서 익숙하게 여겨지는 상식들을 새롭게 바라볼 수 있도록 창의적이고 상상력 가득한 활동을 할 수 있는 여건을 만들 수 있다는 점을 제언하고자 한다.

차례

추천의 글 ----- 003
서문 ----- 013

1장 점진적 순간 ----- 025
2장 통찰력 만드는 법 배우기 ----- 047
3장 정체성 해석하기 1: 문제를 일으키는 몸들 ----- 073
4장 주체가 되는 법 배우기 ----- 087
5장 정체성 해석하기 2: 모든 순간은 두 개의 순간이다 ----- 115
6장 사랑에 빠지는 법 배우기 ----- 157
7장 정체성 해석하기 3: 가능성의 공간 확대하기 ----- 185
8장 왜 학교에서 문학을 읽는 것이 여전히 중요한가 ----- 207

감사의 글 ----- 229
참고문헌 ----- 233
역자 후기 ----- 241
이 책에서 언급된 작품들 ----- 251
찾아보기 ----- 257

일러두기

1. 이 책은 Dennis Sumara(2002), *Why Reading Literature in School Still Matters: Imagination, Interpretation, Insight*, NY: Routledge를 번역한 것이다.
2. 인·지명, 기관·단체명, 간행물 제목, 주요 개념 등은 국립국어원 외래어표기법을 따랐으며, 몇몇 경우에는 원어 발음에 가깝게 표기했다. 주요 개념이나 한글만으로 뜻을 이해하기 힘든 용어의 경우 원어나 한자를 병기했다.
3. 원문의 이탤릭 강조는 **진한 돋움체**로, 큰따옴표(" ") 강조는 작은따옴표(' ')로 표시했다.
4. 인용구의 출처 표기는 해당 문헌 옆에 '(문헌 출간 연도: 쪽수)'의 형식을 따랐다.
5. 단행본은 『 』, 논문·보고서·단행본 장 제목은 「 」, 정기간행물은 《 》, 그림·노래·연극·TV 프로그램은 〈 〉로 구분했다.
6. 본문의 이해를 돕기 위해 역자가 추가한 내용은 각주로 표기했다.
7. 본문에서 소개하는 문헌 중 국내에 번역되어 출간된 것은 국역본의 제목만 제시했고, 국역본이 없는 경우 처음 언급될 시 원서명을 병기했다. 국역본이 있는 문헌의 경우 원서 출간 연도 옆에 국역본 출간 연도를 '국:연도'로 함께 병기했다.

우리의 교사들에게

우리가 외면했던 기억은
그림자처럼 우리를 따라잡아 덮쳐온다.
진실은 생각의 한가운데에,
렌즈 위의 머리카락처럼 갑자기 나타난다.

앤 마이클스의 소설 『흩어지는 조각들』에서

1장

점진적 순간

올해 초 나는 마거릿 로렌스의 소설 『스톤 엔젤』(1964, 국:2012)을 다시 읽었다. 헤이거 쉬플리라는 노인의 자서전 형식으로 쓰인 이 이야기는 인생이 어떻게 계획된 대로가 아닌 경이를 통해 진화해 가는지를 보여준다. 이 소설에서 가장 눈에 띄는 것은, 로렌스가 한 인물의 내면을 이루는 복잡한 심리적 지형을 정교하게 드러냄으로써, 그 인물이 겪는 깊은 통찰의 과정을 독자 또한 함께 경험하고 이해할 수 있도록 만든다는 점이다. 아흔 살의 헤이거에게 그러한 통찰은 앤 마이클스가 소설 『흩어지는 조각들 Fugitive Pieces』 (1996: 77)에서 '점진적 순간'이라 묘사한 것으로부터 비롯된다.

갑작스러운 일은 없다. 폭발이 아니라 계획된 것이고, 때에 맞추어 설치된 것이며, 세심하게 배선된 것이다. 갑자기 열린 문이 아니다. 지구가 눈에 보이지 않게 대격변을 준비하듯이, 역사 또한 점진적 순간으로 이루어진다.

삶의 막바지에 이르자, 헤이거는 존이 아니라 마빈이 최고의 아들이었다는 것을 깨닫는다. 그것은 여러 해에 걸쳐 이루어진 깨달음이다. 모든 예상치 못한 깨달음이 그렇듯이, 이 깨달음에 대한 즉각적인 설명은 없다. 헤이거에게 통찰력은 삶의 특정한 에피소드로부터 직접적으로 나오는 것이 아니라 기억과 현재의 지각, 환상의 기이한 틈새에서 모호하게 나타난다. 그녀가 이제 마빈에 대한 애정을 표현할 수 있게 되었다는 것은 자신의 감정에 대한 더 진실한 설명이기 때문이 아니라, 그것이 그녀의 삶의 질을 향상시키는 데 도움이 되었기 때문에 중요하다.

헤이거의 경험은 특별한 것이 아니다. 우리는 자신의 삶을 돌이켜 봄으로써 비로소 삶을 해석하고 의미를 부여할 수 있다. 이러한 해석을 명시적으로 하는 것이 회고록, 문화기술지, 자서전의 주요 작업이다. 그래서 나는 이런 책들을 읽는다. 나는 이 책들로부터 즐거움을 얻기는 하지만, 즐거움을 위해 읽지는 않는다. 또 이 책들로부터 도덕적 교훈을 얻기는 하지만, 도덕적 교훈을 위해 읽는 것은 아니다. 종종 그렇게 되기는 하지만, 문화적·역사적 지식의 레퍼토리를 확장하기 위해 읽는 것도 아니다. 내가 이 책들을 읽는 이유는, 내가 살아온 상황을 해석하기 위해 새로운 장소들을 계속해서 창조해야 한다는 것을 알기 때문이다. 나 자신과 나의 상황에 대해 진리라고 여겨지는 것들이 쉽게 접근되거나 표현되지 않는다는 것을 알기 때문에, 나는 이 책들을 읽는다. 진리는 진부한 표현이나 상투적 표현, 도덕적 명령에 존재하지 않는다. 진리는 다른 사람에게 조언을 구하거나 더 나은 삶의 방향을 제시하는 대중심리학 책을 읽는다고 해서 직접적으로 찾을 수 있는 것이 아니다. 진리는 역사와 기억, 언어, 지리의 복잡한 관계들 속에서 경험되는 것이다.

지식과 정체성의 관계를 이해하는 데 관심을 가졌던 다른 교육자들(Ellsworth, 1997; Greene, 1995; Miller, 1990; Willinksy, 1998)과 마찬가지로, 나 역시 보편적인 진리가 존재한다는 생각을 폐기했다. 경험에 대해 진실이라고 간주되는 것은 경험의 토대가 아니며, 경험 밖에 존재하지도 않는다. 인간의 지각과 이해의 복잡성을 적절하게 표현할 수 있는 거대 서사는 존재하지 않는다. 그럼에도 불구하고 인간은 경험을 해석하려고 노력할 수밖에 없다. 로티(Rorty, 1989, 1999)의 주장에 따라, 나는 본질과 토대에 대한 탐구를 중단해야 한다고 믿게 되었다. 대신 통찰력의 중요성을 강조하는 데 전념하고 있다. 그리고 통찰력에 관해 탐구해 온 다른 이들처럼(Grumet, 1988; DeSalvo, 1996), 나는 통찰력이 발견될 수 없다는 것을 배웠다. 통찰력은 장 프랑수아 리오타르(Jean-François Lyotard, 1984)[1]가 '작은 이야기 les petits récits'라고 부른 것으로부터 형성된다.

이는 독창적인 아이디어가 아니다. 민족지학자와 소설가들이 알고 있듯이, 사람들이 흥미를 보이는 것은 인간의 경험을 조직한다고 여겨지는 거창한 관념들이 아니라 과거, 현재, 그리고 투영된 경험의 세계를 둘러싼 아주 작은 플롯과 묘사들이다. 때때로 이 작은 이야기들은 우리에게 통찰과 계시를 통해 무언가를 알려주며, 우리로 하여금 "그래요, 사실이에요! 나는 당신을 사랑해요. 당신이 싫어요. 미안해요" 등과 같이 말할 수 있게 한다.

'오른쪽 차선을 이용하면 이 교통 체증에서 더 빨리 빠져나갈 수 있겠군'과 같은 소소한 통찰은 매일같이 일어나지만 깊은 통찰은 그렇게 쉽게 얻어지지 않는다. 깊은 통찰은 사람들과의 관계, 사람들이 만든 사물들(경험을 설명하고 서술하는 이야기 포함) 그리고 인간 너머의 세계 more-than-human world[2]와의 관계를 해석하는 어려운 작업에서 비롯된다. 통찰이 생겨날 수 있는 조건은 어느 정도 만들 수 있지만, 깊은 통찰은 대체로 예상치 못한 순간에, 뜻밖의 장소에서 생겨난다.

이러한 뜻밖의 장소 중 하나는 우리가 '상상력'이라고 부르게

---

1   프랑스의 철학자. 근대 이성에 기반한 '거대 서사'의 보편성에 의문을 제기하며 다원성과 차이를 옹호하는 포스트모더니즘 이론을 발전시켰다.
2   「4장 주체가 되는 법 배우기」의 각주 1을 참고하라.

된 곳이다. 제롬 브루너(Jerome Bruner, 1986)[3]가 제시했듯이, 상상은 가정법 형태의 언어 사용에 의해 뒷받침된다. 영어에서 "might", "could", "would", "should"와 같은 단어들은 미래의 가능성 혹은 의무를 표현하기 위해 사용된다. 그러므로 상상한다는 것은 기억 속에 있는 것과 현재 존재하는 것, 그리고 미래에 대해 예측되는 것 사이에 해석 가능한 다리를 놓는 것이다. 이러한 관점에서 볼 때, 상상은 특정한 사람이나 특정한 상황에 국한된 특별한 행위가 아니다. 오히려 상상은 인간의 인지에 있어 핵심적 요소이다(Egan, 1997). 이 책 전체에서 주장하듯이, 상상적 사유가 확장할 수 있는 조건을 만드는 것은 가능하다. 이어지는 장들에서는 문학적 해석 행위가 어떻게 상상하는 일을 생산적인 통찰력으로 전환할 수 있는지를 보여주고자 한다.

  나의 개인적인 독서 경험은 이 책에 제시된 이론과 사례를 발전시키는 데 많은 영향을 미쳤다. 예를 들어, 지난 25년 동안 나는 『스톤 엔젤』을 세 번 읽었다. 각각의 독서 경험은 서로 다른 상황에서 서로 다른 목적을 위해 수행되었으며, 서로 다른 해석과 효과를 낳았다. 1976년 이 책을 읽었을 때, 나는 캐나다 문학을 전공하는 학부생이었다. 그때 독서에 대해서는 헤이거의 강인한 성

---

[3] 미국의 심리학자로, '나선형 교육과정', '발견학습' 등의 개념으로 교육과정 이론에 큰 영향을 미쳤다. 후반부에는 '서사'에 관심을 가지고 인간의 사고가 논리보다는 서사에 기반하고 있음을 규명했다.

품에 매료되었다는 것과 당시 시점에서는 이색적이고 요원했던 노인의 세계에 관심을 가졌던 것 외에는 거의 기억나지 않는다. 1999년 이 책을 다시 읽게 된 것은 제임스 킹의 마거릿 로렌스에 대한 전기를 읽은 후 나의 젊은 시절을 기억하고 해석하고 싶다는 욕구 때문이었다. 헤이거 쉬플리와 다시 만나면서 풍부한 해석의 장이 마련되었는데, 이 장은 킹의 전기를 통해 마거릿 로렌스를 본 최근 나의 해석을 문학적 참여 literary practice[4]를 연구하는 현재 나의 상황과 연결해 주었다.

『스톤 엔젤』을 세 번째로 읽게 된 것은 뜻밖의 여행 기회 때문이었다. 최근 앨버타대학교에서 새로운 직책을 맡기 위해 토론토에서 에드먼턴까지 캐나다 횡단 여행을 하던 중, 나의 파트너와 나는 우연히 매니토바주 니파와를 지나가게 되었다. 마을 입구에 있는 표지판에서 알 수 있듯이, 그곳은 마거릿 로렌스가 오랫동안 살았던 마을이었다. '천사상 stone angel'을 찾기 위해 공동묘지에 들르는 것을 잊긴 했지만, 우리는 로렌스가 살았던 집을 찾아가 보았다. 정차한 밴에서 그 집을 바라보니 안심이 되었다. 그 집은 튼튼한 2층 건물이었고, 베란다가 딸려 있어서 사색에 잠길 수 있는 공간이 충분했다.

---

[4] 독자가 문학 작품을 읽으면서 등장인물과 정서적으로 교감하고, 그들의 경험에 참여하면서 자신의 삶을 성찰하는 행위를 말한다.

캐나다 대초원의 한가운데 있는 이 작은 마을을 지나가면서, 나는 이렇듯 평범해 보이는 곳에서 어떻게 그런 특별한 작품이 나올 수 있었는지를 생각했다. 마거릿 로렌스는 어떻게 이곳에서 그토록 훌륭한 산문을 쓸 수 있었을까? 그러다 그녀가 아프리카와 영국에서 여러 해를 보냈다는 사실이 떠올랐다. '장소'에 대한 감각이 기억을 포함한다면, 로렌스에게 니파와 마을은 나처럼 지나가는 이방인이 알아차릴 수 있는 것보다 훨씬 더 다채롭고 흥미로운 글쓰기의 배경이었을 것이다.

에드먼턴에서의 첫 주 동안 나의 에너지는 삶을 다른 맥락으로 재분배하기 위한 격렬한 노동에 소모되었다. 1999년 구입한 『스톤 엔젤』을 마침내 찾았을 때(안타깝게도 초판본은 사라진 듯했다), 소설 뒷부분에 로렌스의 친구이자 동료인 아델 와이즈먼이 1988년에 쓴 '후기'가 포함되어 있다는 것을 알게 되었다. 나는 이전에는 이 사실을 눈치채지 못했다. 이번에는 그것을 가장 먼저 읽었다. 이 글 곳곳에는 로렌스가 『스톤 엔젤』을 집필하는 동안 와이즈먼에게 보낸 편지에서 발췌한 내용이 담겨 있었다. 내가 가장 좋아하는 구절은 다음과 같다(1988: 314).

이 책은 거의 전적으로 의식적인 생각이 없이 쓰였어요. 다시 쓰기 과정에서 의식적인 생각이 들어가긴 했지만, 처음에는 그저 그 늙은 여인이 들려주는 대로 이야기를 내려놓고 원하는 대로 흘러가도록 내버려

두었지요. 중간쯤에 이르러서야 모든 것이 어떻게 연결되는지, 주제가 무엇인지 깨달았어요. 그전에는 주제가 있는지도, 이야기 속 사건과 사물의 목적이나 의미도 몰랐지만, 점차 모든 것이 명확해져 갔습니다.

점진적인 순간. 시간이 지남에 따라 끈기를 갖고 해석 전략과 글쓰기 기법을 사용하면, 패턴이 분명해지고, 주제가 나타나며, 의미로 인식되는 것이 제시된다. 이것이 바로 알버트 보르그만(Albert Borgmann, 1992)[5]의 연구를 따라 내가 '초점 행위focal practice'라고 부르는 일에 참여할 때 일어나는 일이다. 정원 가꾸기, 시나 소설 또는 회고록 쓰기, 노래 창작 및 부르기, 새로운 형태의 수학 발명 등 이 모든 것은 개인적이고 문화적인 해석 작업이 일어나는 장소로 기능할 수 있다. 로렌스가 소설을 쓰는 과정의 후반부에 이를 때까지도 자신의 소설이 어떤 내용인지 정확히 알 수 없었다는 것은 우리가 살아온 경험의 특수성을 쉽게, 즉각적으로 이해할 수

---

5 알버트 보르그만은 독일 태생의 미국 철학자로, 하이데거의 기술철학을 계승·보완하면서 기술사회의 문제를 어떻게 극복할 것인가를 모색했다. 그는 '초점 사물focal things' 및 '초점 행위' 개념을 제시했는데, 이는 세계의 맥락과 분리되지 않으면서 풍부하고 깊이 있는 관계 맺음을 하도록 하는 사물 혹은 행위를 의미한다. 가령 벽난로의 경우 현대식 난방 시스템과 달리 온기를 만들어 내기 위한 과정과 모색이 필요한데, 이런 사물이 바로 초점 사물이다. 또한 요리와 같이 과정과 결과가 풍성한 맥락 속에 얽혀 있는 경우를 초점 행위라 한다. A. Borgmann(1992), *Crossing the postmodern divide*, Chicago: The University of Chicago Press; 손화철(2016), 「보르그만의 기술철학: 기술의 약속, 기술의 개혁」, 《범한철학》 81집, 297~323쪽을 참고하라.

없다는 것을 나타낸다. 경험과 경험에 대한 해석 사이에는 언어를 통한 직접적인 대응이 이루어지지 않는 듯하다. 자신의 삶이 무엇인지 혹은 무엇을 의미하는지를 단순하고 온전하게, 모호하지 않게 말할 수는 없다.

그렇다고 해서 인간이 자신의 경험을 해석하거나, 다른 사람들에게 그러한 해석을 제공하려고 노력해서는 안 된다는 뜻은 아니다. 이어지는 다음 장들에서 설명하겠지만, 해석 행위는 자아 정체성의 경험을 창출하는 기능을 한다. 언어와 언어의 다양한 형태들을 인간, 인간이 만든 사물, 인간 너머의 세계와 우리 자신을 연결하는 도구로 사용하는 법을 배운 종으로서, 우리는 우리가 진실이라고 믿는 것을 명확히 하기도 하고 복잡하게 하기도 하는 흥미로운 해석의 장을 계속 만들어 내야 한다.

물론 이러한 내용이 전혀 새로운 것은 아니다. 마거릿 로렌스는 그러한 해석의 장을 만들기 위해 산문 소설 작가로서의 능력을 발전시켰다. 그녀가 헤이거 쉬플리의 이야기를 발표할 때 자신에 대해 쓰고 있었다고 생각하지는 않지만, 그녀가 자신의 글쓰기 경험에 대해 말한 것을 참조해 보면(King, 1999) 소설 쓰기를 통해 개인적 통찰력을 발전시키고 있다는 것은 의심의 여지가 없다. 주인공과 관계를 맺는 다른 등장인물에 대해 글을 쓰면서 작가는 변화를 겪는다. 마거릿이 헤이거를 창조할 때, 헤이거 역시 마거릿을 창조하는 지속적인 행위에 참여한다.

이러한 경험은 소설가들에게만 국한된 것은 아니다. 비평가나 전기 작가와 같은 다른 문학 종사자들도 자신의 경험에 대해 유사한 통찰을 제시했다. 루이즈 디살보(Louise DeSalvo)[6]는 회고록 『현기증 Vertigo』(1996: 241)에서 버지니아 울프의 생애를 연구한 수년간의 경험에 대해 다음과 같이 언급했다.

그녀는 나에게 아주 많은 것을 주었다. 시간이 흐르면서 그녀의 삶을 통해 우리 가족 구성원 중 여자들의 삶을, 나의 어머니와 여동생의 삶을, 그리고 마침내 나의 삶까지도 이해하기 시작했다.

통찰력은 또 다른 미적 행위에 참여하는 것에서도 나온다. 제인 어쿼트(Jane Urquhart)의 역사소설 『스톤 카버 Stone Carver』(2001: 270)에서 주인공인 월터 올워드는 비미 능선에서 전사한 군인들을 위한 기념비 제작을 의뢰받은 석조 조각가로서 이 프로젝트에 참여한 자신의 경험을 다음과 같이 묘사한다.

나는 너무 오랫동안 돌을 먹고 자서 그것이 나에게 집착이 되어버렸다. 말하자면 악몽이었다.

---

6   미국의 작가이자 교수로, 버지니아 울프 연구자로 널리 알려져 있다.

올워드는 어떤 형태로든 예술 창작에 참여하는 것이 어떻게 자아 정체성을 형성하는 구조가 되는지를 보여준다. 중요한 것은 이러한 미적 참여가 개인적으로 보람 있는 일일 수 있으나 매우 어려운 일일 수도 있다는 점이다. 예술 창작은 단순한 재현을 넘어 가다머(Gadamer, 1990)가 제안한 바와 같이 '다시 표현될 것 re-presenting'을 요구하기 때문에, 예술가의 역할은 익숙한 인식 및 해석을 방해하는 방법을 계속해서 모색하는 데 있다. 그러나 바로 그 점에서 어려움이 발생할 수 있다. 경험의 특정한 측면에서 익숙함을 깨뜨리는 것은 다른 모든 측면에도 영향을 미치기 때문이다.

익숙한 인식에 도전하는 것은 어려운 일이다. 매들린 그루멧(Madeleine Grumet, 1991a: 75)이 설명한 바와 같이, "일상의 문제는 그것이 항상 기반으로 존재하면서 형상으로 거의 드러나지 않는다는 것이다". 예술적인 삶은 눈에 띄지 않는 삶의 요소들이 다시 수면 위로 떠오르고 재검토되고 다시 표현될 것을 요구한다. 이는 예술 작품을 만들어 내는 이들만의 일이 아니다. 인간의 경험에 대한 깊은 통찰력을 지속적으로 발전시키고자 하는 모든 이들에게 해당되는 작업이다.

이 책에서 제시하는 문학적 참여에 대한 논의는 인간의 정체성을 지식의 생산과 함께 공진화하는 것으로 개념화하는 학습이론을 중심으로 전개된다. 정체성은 인간 개개인의 본질적인 자질이 아니다. 정체성은 사람들이 책이나 언어에 기반한 다른 소통 기술 등을 통해 맺는 관계로부터 생성된다.

다양한 방식으로 재생산되고 표현될 수 있는 언어의 발명을 통해 인간은 다른 종보다 더 복잡한 개인적·문화적 정체성을 형성하는 법을 배웠다. 문해 행위 literacy practice는 관계를 형성하고 개인적·문화적 기억을 보존하는 도구가 되었다. 컴퓨터를 이용한 전자 통신 기술의 발달은 이러한 가능성을 확장시켜 인류에게 역사상 그 어느 때보다도 다른 사람 및 그들의 생각과 동일시할 기회를 풍부하게 제공해 주고 있다.

그러나 동일시할 기회가 있다고 해서 언제나 사람들 또는 그들의 생각과 의미 있는 관계가 형성된다는 보장은 없다. 이 글을 쓰면서 인터넷을 통해 의미 있는 관계를 형성하는 데 어려움을 겪었던 나의 친구가 떠올랐다. 그녀는 디지털 공간에서 많은 만남과 교류에 참여했지만, 사진을 교환하거나 전화 통화를 시작하거나 대면 만남을 갖는 등 디지털 공간을 넘어서는 관계는 맺지 못했다.

관계적 동일시는 디지털로 매개된 문해 행위를 통해서도 이루어질 수 있을 것처럼 보이지만, 이러한 상호작용의 경계를 넘어설 경우 지속되기 어렵다. 대화자들이 읽고 쓰는 문해 행위를 통해 매개되는 언어 속에서의 관계에 만족한다면, 이는 그 자체로 문제가 되지 않는다. 루이즈 디살보와 버지니아 울프의 관계가 읽기와 쓰기의 해석 행위를 통해 계속 이어진 것처럼, 내 친구의 인터넷에서의 관계도 그런 장르의 상호작용을 형성하는 구조 안에 포함될 때 유지될 수 있다. 문제는 온라인에서의 관계가 문학적 참여의 경험 구조를 모방하는 것처럼 보이지만, 문학적 참여에는 없는 물리적 접촉을 포함한 다른 종류의 친밀성을 가질 가능성이 높다는 것이다. 문학을 통해 맺는 관계는 상상과 환상으로 남아 있으며, 다른 많은 유형의 관계에서 요구되는 일반적인 약속이나 의무 없이도 독자의 일상생활에 스며들 수 있다.

처음 형성된 관계의 경계를 넘어 대면 만남을 하게 될 때 어려워지는 것은 디지털로 매개된 사회적 관계에만 국한되지 않는다. 독자가 등장인물이나 다른 사람들과 맺는 관계는 초기의 형성 조건과 구조가 바뀔 때 종종 긴장 속에 놓이게 된다. 가령 내가 읽은 책의 작가들과 맺은 관계에서 나는 그런 경험을 했다. 나는 좋아하는 책을 다시 읽는 것을 즐기기 때문에 에코(Eco, 1994)가 '모델 작가 model author'라고 명명한 사람, 즉 독자가 실제 작가를 상정하기 위해 만들어 낸 인물과 강한 동일시 관계를 형성하는 경우가 있다. 내가 사랑하게 된 책들의 경우, 이런 모델 작가는 신화적인 지위를 얻게 되어 환상적이고 실제보다 더 큰 존재가 된다.

과거에 나는 내가 좋아하는 책을 쓴 실제 인물을 만나 가까워지려고 노력하곤 했다. 물론 내가 만나는 인물은 그 인물이 쓴 텍스트와 내가 동일시하면서 알게 된 인물이 아니기 때문에, 대부분의 경우 해석상의 문제가 생겨난다. 이러한 경험은 대개 실망스럽다.

한 사람이 쓴 텍스트와 이것이 독자들에게 전달되는 방식, 그리고 다른 이들에게 직접 자신을 표현하는 방식 사이에 거의 또는 전혀 관계가 없다는 사실에 직면하기 때문이다. 그 때문에 나는 이제 내가 읽은 책의 작가를 만나려 하지 않고, 대부분의 경우 작가가 쓴 글에 대한 나의 동일시를 통해 형성된 해석 구조 안에 머무르는 것을 선호한다.

나는 이전 저서인 『공공의 장에서의 사적인 읽기: 문학적 상상력의 교육 Private Readings in Public: Schooling the Literary Imagination』(1996)에서 문학적 참여가 어떻게 인간/인간, 인간/텍스트, 인간/맥락적 관계라는 독자의 복잡한 생태학에 관여하게 되는지를 설명하는 읽기 이론을 개괄적으로 제시한 바 있다. 이전 저서에서 나는 독자와 텍스트 사이에 형성되는 관계적 경험에 대한 로젠블랫(Rosenblatt, 1978)과 이저(Iser, 1978)의 분석을 발전시키면서, 인간의 사고와 생물학적·생태학적 체계 간의 관계를 해석하는 과학 및 생태학에 기반한 문헌들에 주목하여 이를 정교화하고자 했다. 이러한 이론적 틀을 뒷받침하는 것은 문학 작품에 대한 독자의 경험을 대상으로 하는 수많은 분석들로, 주로 내가 영어 교사들과 중고등학교 학생들과 함께했던 작업으로부터 얻어진 것이다. 나는 문학 작품의 등장인물, 플롯, 배경 간의 관계가 독자에게 해석의 기회를 제공하기 위해 얼마나 복잡하고 미묘한 방식으로 기능하는지 보여주고자 했다.

이 책은 문학적 참여가 독서 주체의 지속적인 창조에 크게 기여함을 보여줌으로써 이전의 내 이론적 논의를 정교화한다. 나는 문학적 참여가 독자의 지속적인 창조와 독서 및 해석 행위 중에 발생하는 지속적인 지식 생산의 기회를 창출한다는 의미에서 '독서 주체'라는 용어를 선택했다. 지난 10년 동안 다양한 그룹의 성인, 청소년, 아동 독자를 대상으로 수행한 연구와 교육 및 독서 경험에 대한 개인적인 기억을 바탕으로, 문학적 참여가 어떻게 개인, 공동체, 문화의 지속적인 해석의 장이 될 수 있는지를 보여주고자 했다.

나는 문학 작품에의 참여를 강조하지만, 이것이 통찰력을 얻을 수 있는 상상적 만남의 유일한 형태는 아니라는 점을 인정한다. 문학적 참여 경험과 유사한 흥미로운 사례 중 하나는 다이애나 영국 왕세자비의 갑작스런 죽음에 대한 대중의 압도적인 반응이었다. 믿을 수 없을 정도로 쏟아지는 슬픔을 지켜보고 전 세계 사람들의 증언을 들으면서, 많은 사람들이 한 번도 만난 적 없는 누군가와 강한 관계적 동일시를 형성했다는 것을 깨닫게 되었다. 다이애나 비와 대중의 그러한 관계는 전적으로 그녀에 대한 수많은 미디어의 표현들을 통해 형성된 것이었다. 그렇다고 해서 대중이 경험한 슬픔이 진짜가 아니라는 뜻은 아니다. 이는 정체성과 동일시에서 중요한 것은 물리적 접촉보다는 서사 구조라는 것을 보여준다.

문학 작품을 읽는 독자들에게 상실의 경험은 흔하게 나타난다. 독자 반응에 관한 연구에는, 독자들이 소설을 다 읽고 등장인물과의 관계적 동일시가 끝나는 것에 대해 애도하는 사례들이 풍부하게 보고되어 있다(Appleyard, 1990; Nell, 1988; Sumara, 1996). 나중에 자세히 설명하겠지만, 정체성은 다른 이들과의 관계에서 비롯되기 때문에 이혼, 사망, 기타 갑작스러운 이별 등으로 관계가 끝날 때 사람들은 깊고 오래 남는 슬픔을 경험하게 된다. 중요한 것은, 이 애도의 감정은 단지 '그 사람' 자체를 잃은 데서 비롯되는 것만이 아니라, 그 사람과의 관계가 나의 정체성 형성에 복잡하게 기여했던 방식들에 대한 상실감이기도 하다는 것이다. 그 인물과 관련된 다른 개인들과 형성한 복잡한 교감 방식을 통해서도 분출된다는 것이다. 누군가와의 관계가 끊어지면, 그 사람에 대한 상실을 경험할 뿐 아니라 개인의 정체성의 상실도 경험하게 된다. 자아의 일관성을 회복하기 위해서는 해석 행위가 필요하다. 다이애나 비의 갑작스러운 사망의 경우, 장례 의식으로 절정에 달한 일주일간의 공개적인 애도 과정과 의례가 이러한 해석 작업의 맥락을 만드는 데 도움이 되었다. 문학적 동일시를 통한 다시 읽기 행위는 상실의 경험을 완화하고, 문학적 관계와 그 관계가 미칠 수 있는 영향에 대한 명시적인 해석의 기회를 가져다줄 수 있다.

　나는 때때로 자아를 설명하려고 할 때 '일관성'이라는 단어를 사용하지만, 인간의 정체성이 명확하게 경계를 가진다거나 미리 결정되거나 고정되어 있다는 것을 말하려는 것은 아니다. 인간이 언어와 경험 사이의 관계를 지속적으로 연결하는 복잡한 방식을 강조하는 포스트구조주의 언어이론에 따르면, 인간의 정체성은 끊임없이 변화하는 과정에 있으며 결코 '완성'되지 않는다. 생물학적인 몸이 죽은 후에도 죽은 이에 대한 서사는 계속해서 진화한다. 정체성이 일관성을 가진다는 것은 해석될 수 있는 충분히 식별 가능한 형태를 가진다는 것을 의미한다. 이러한 동일시와 해석 활동이 생겨나면서 정체성의 윤곽과 형태는 새로운 해석 맥락에 맞춰 계속해서 진화하고 적응해 간다.

이 책은 문학적 참여의 경험에 중점을 두고 있기는 하지만, 문학 비평서는 아니다. 또한 나는 문화인류학자, 철학자, 생태학자, 인지과학자들이 사용하는 이론적 도구를 사용하지만, 인류학이나 철학, 생태학, 인지과학을 하고 있는 것은 아니다. 그보다는 학교 환경에서 문학을 읽는 경험에 특별한 관심을 가지면서 교육과정 분야를 연구하는 사람으로 나 자신을 규정하고자 한다.

나와 내 동료들이 논의한 바 있듯이(Davis, Sumara & Luce-Kapler, 2000), 교육과정 연구가 다른 학문과 구별되는 점은 언어, 문화, 학습, 교육 간의 관계를 분석하는 데 명시적인 관심을 갖고 있다는 것이다. 내가 교육과정 연구에 관심을 가지고 있다고 밝히는 것에는 이 분야의 사람들 및 아이디어에 대한 나의 개인적인 참여 이력과 배우고 가르치는 것이 무엇을 의미하는지 더 잘 이해하는 데 도움이 되는 다양한 도구들을 사용하겠다는 나의 의지가 담겨 있다. 나는 '인간은 어떻게 학습하는가?'라는 질문에 관심이 있으며, '학생과 교사가 함께 문학 텍스트를 읽는다는 것은 어떤 의미인가?'라는 질문에 더욱 특별한 관심이 있다. 나의 교육과정 연구는 역사적으로 문학 비평 및 독서 이론이라는 더 큰 분야와 연결된 학문인 '독자 반응 이론'으로부터 큰 영향을 받았다. 문학 비평은 주로 대학의 영문학과에서, 독서 이론은 주로 심리학 및 교육학과에서 생겨났지만, 독자 반응 연구는 역사적으로 문학적 참여에 대한 학제 간 접근 방식으로 이루어졌다(Beach, 1993).

문학적 참여 경험에 대한 나의 연구는 여타 학문의 이론적 도구들에 상당 부분 의존하고 있지만, 결국 인간의 학습에 대한 연구이다. 나는 로티(Rorty, 1989)의 반본질주의[7]에 동의하는 이론가들과 같은 입장에 서 있다. 로티와 마찬가지로, 나는 지식이 매개되지 않은 방식으로 존재할 수 있다고 믿지 않는다. 인간에게 있어 가장 핵심적인 매개물은 언어이다. 언어는 다양한 문해 행위들로부터 강력한 영향을 받으며 형성되어 왔다.

나는 이러한 참여의 생생한 경험을 묘사하고 해석하는 일련의 장을 통해 문학적 참여가 지닌 가치를 밝힐 것이다. 각 장에서는 해석에 기반한 문학적 만남을 통해 통찰력이 어떤 방식으로 생겨

---

7 로티는 합리적인 이성에 근거하여 찾을 수 있는 영원불변하고 절대적인 진리란 존재하지 않는다고 보았다. 이러한 그의 사상을 '반본질주의'라 일컫는다. 로티에 의하면 진리는 본질로서 존재하는 것이 아니라 사회적이고 역사적인 맥락 속에서 언어와 실천에 의해 구성된다.

나는지를 보여주고자 한다. 지난 10년 동안 수행한 연구와 글쓰기를 바탕으로 시대, 문화, 언어, 사회계층, 인종, 젠더 등을 초월해 오랫동안 인류가 관심을 가져온 특질과 상황들을 설명하기 위한 분석을 전개해 갈 것이다. 어떻게 하면 자신과 타인에게 흥미로운 정체성을 형성할 수 있을까? 자신의 가족과 문화의 역사를 안다는 것은 무엇을 의미할까? 사랑하는 사람을 애도하는 과정과 그 의미는 무엇인가? 의미 있고 창의적인 일을 만드는 조건은 무엇인가? 사랑에 빠지는 법을 배운다는 것은 무엇을 의미하는가? 인종, 계급, 젠더, 성별, 민족의 범주 안에서 산다는 것은 무엇을 의미하는가?

   나는 이 책을 읽는 독자들이 책에서 제시하는 몇 가지 질문에 대한 탐구에 함께 참여하도록 초대하고자 한다. 일부 내용, 특히 '경험 기술적 performative 장'이 도전적이라는 것은 인정한다. 아이디어 간의 연결은 분명하지 않고 미묘하다. 이 책의 초고를 검토한 이들은 내가 독자에게 너무 많은 것을 요구하고 있으며, 더 명확하고 분명하게 최종적 해석을 제시해야 하는 것은 아닌지 우려했다. 결국 나는 나의 주제에 충실하면서 이러한 불확실성을 계속 허용하기로 결정했다. 하지만 몇 가지 문제에 대해서는 의도적으로 명확하게 설명했다. 문학이 왜 여전히 중요한지에 대해 새롭게 이해할 수 있기를 원하기 때문에, 나는 로티(1999: 204)의 제안을 따르기로 했다.

본능적인 감정적 반응을 바꾸는 한 가지 방법은 새로운 반응을 촉진할 수 있는 새로운 언어를 제공하는 것이다. '새로운 언어'란 그저 단어가 새롭다는 것뿐 아니라 익숙한 단어를 창의적으로 오용하여 처음에는 이상하게 들리는 방식으로 사용하는 것을 의미한다.

내가 주장하는 내용 중 일부는 다소 엉뚱해 보일 수도 있지만, 이러한 아이디어가 특히 학교에서 문학 읽기가 여전히 중요한 이유를 밝히는 데 도움이 되기를 바란다. 로티와 마찬가지로 나는 이론적인 작업들이 인간과 인간이 형성하는 사회, 그리고 그들이 만드는 제도에 대한 지속적인 희망을 촉진해야 한다고 믿는다. 나는 공교육의 가능성에 대해 계속 희망을 품고 있고, 문학적 참여가 중요한 통찰력의 생성에 영향을 미칠 수 있다고 확신하기 때문에, 학교에서 문학을 읽는 것은 여전히 중요하다고 믿는다.

2장

통찰력 만드는 법 배우기

몇 해 전 나는 내가 평생 해온 일이 흥미로운 연구가 될 수 있다는 것을 알게 되었다. 나는 고등학교 영어 교사들과 함께한 대규모 프로젝트의 일환으로, 마이클 온다치의 소설 『잉글리시 페이션트』(1992, 국:1997)를 읽고 토론하는 모임을 조직했다. 이 문학적 경험에 참여하면서, 교사들과 나는 두 가지 사실을 깨달았다. 하나는 분명했고, 다른 하나는 덜 분명했다. 첫째, 공통의 문학 텍스트를 함께 읽는 일은 개인적 경험과 집단적 경험을 해석할 기회를 만들어 준다. 둘째, 그 텍스트를 다시 읽는 일은 놀랍고도 의미 있는 통찰을 생성해 낼 수 있다.

후자의 사실은 소설 자체를 통해서도 드러난다. 소설 속 인물인 영국인 환자는 여행 내내 헤로도토스의 『역사』를 가지고 다니며 자주 읽는다. 이 책은 공식적으로는 기원전 4세기 그리스와 페르시아의 전쟁에 대한 기록으로 알려져 있지만, 영국인 환자에게는 지속적인 개인적 성찰에 도움을 주는 '커먼플레이스 북 Commonplace Book'[1]이었다. 그는 30년에 걸쳐 책에 메모를 추가하고, 여행 지도를 그리고, 사랑 이야기를 기록하고, 질문을 던지고, 여행 중에 모은 기념품을 끼워 넣어서 『역사』라는 책을 현존하는 다른 어떤 책과도 다른 텍스트로 만들었다.

『잉글리시 페이션트』를 읽으면서 얻은 통찰력에 힘입어, 우리 모임은 목록에 있는 다음 소설로 바로 넘어가기보다는 텍스트 다시 읽기를 하기로 결정했다. 또한 작품에 대한 우리의 반응을 텍스트에 계속해서 기록해 넣음으로써 우리만의 커먼플레이스 북을 만들기로 했다. 두 번째 읽기가 진행되면서, 우리는 『잉글리시 페이션트』를 다시 읽고 주석을 다는 과정에서 해석을 위한 풍부한 공간이 형성된다는 것을 알게 되었다. 가장 흥미로웠던 점은 우리의 주석이 우리의 인식의 진화를 물질적으로 펼쳐주었던 방식과 이것이 기억된 경험의 해석에 기여하는 방식이었다. 다시 읽기 활동을 통해 문학 작품과의 관계를 정교화하고, 이 관계를 글쓰기와

---

1   「서문」의 각주 1을 참고하라.

다른 독자와의 토론을 통해 상징화함으로써 우리는 해석을 위한 흥미로운 '공통 공간Commonplace'을 만들어 냈다.

이 년 후 나는 돌로레스 반 더 웨이 선생님과 그녀의 5, 6학년 학생들과 함께 연구 프로젝트를 시작했다. 우리는 고등학교 영어 선생님들과의 탐구 및 『잉글리시 페이션트』 작업에서 배운 몇 가지 방법을 이 프로젝트에 활용할 계획이었다. 로이스 로리의 소설 『기억 전달자』(1993, 국:2007)를 공동의 수업 텍스트로 삼는 6주간의 소설 수업이 계획되었는데, 이는 커먼플레이스 북의 원리와 실천을 기반으로 구성된 것이었다.

『기억 전달자』는 기억 보유자 한 사람이 과거의 모든 역사적·문화적 기억을 보존하고, 나머지 모든 시민은 아무것도 알지 못하는 미래 사회를 묘사한다. 적절한 결정을 내리기 위해서는 과거 역사에 대한 지식이 필요하기 때문에, 기억 보유자는 정부의 주요 조언자 역할을 맡는다. 이야기는 새로 임명된 기억 보유자인 조너스라는 견습생을 중심으로 전개된다. 견습 과정의 일환으로, 조너스는 선임 기억 보유자로부터 기억을 전해 받는다. 조너스는 기억을 전해 받으면서 자신과 자신의 공동체를 다르게 이해하게 된다. 가령 조너스는 아버지가 '보육사'로 불렸지만, 실은 비정상적이거나 용납될 수 없다고 판단되는 아이들의 안락사를 맡아왔음을 알게 된다. 조너스는 과거의 전쟁이나 겨울 썰매 타기 등의 기억을 전달받음으로써 현재를 과거와 연관 지어 해석할 때 현재를 더 잘 해석할 수 있다는 것을 배운다.

    교실의 탐구 활동에서 커먼플레이스 북 쓰기 경험을 개발하기 위해서는 학교 교재에 무언가를 쓰지 못하게 하는 금기를 위반할 필요가 있었다. 이것은 우리가 생각했던 것보다 훨씬 도전적인 과제였다. 우리가 구입한 『기억 전달자』 책을 학생들에게 각각 나누어 주고 필기를 허용했지만, 학생들은 이에 적지 않게 저항했다. 학생들이 이러한 저항감을 극복할 수 있도록 하기 위해 나는 그들에게 페이지마다 기록해 둔 여러 가지 표시들, 스티커 메모, 책 뒤쪽의 빈 페이지에 적어둔 글들이 잔뜩 들어 있는 나의 『잉글리시 페이션트』 커먼플레이스 북을 보여주었다.

    이 소설의 첫 번째 읽기를 마친 후, 학생들은 한 달 동안 돌로레스 선생님과 함께 그들이 텍스트에서 도출한 아이디어나 주제와 관련된 문제들에 대해 탐구했다. 그들은 특히 소설에서 탐구하는 '늘 같음sameness'이라는 개념에 관심을 보였고, 다양성을 소중히 여겨야 하는 이유를 이해하려고 노력했다. 학생들은 우생학 및 안락사와 관련된 문제를 연구하고, 다양한 인권 운동에 대해 배웠다. 한 달간의 연구 동안, 우리는 학생들에게 『기억 전달자』 읽기가 자신의 생각에 어떤 영향을 미쳤는지 돌이켜 보도록 했다.

    나는 커먼플레이스 북을 교육적 차원의 해석 활동으로 개발하는 데 관심이 있었기 때문에, 한 달 후 학교로 돌아가 학생들과 함께 소설을 다시 읽었다. 이 다시 읽기 과정에서 학생들은 플롯과 인물에 대한 새로운 통찰에 관심을 보였다. 학생들은 이전의 반응을 돌아보는 것이 얼마나 흥미로웠는지에 대해 계속해서 언급했다. 예를 들어, 첫 장을 다시 읽는 동안 학생들은 흥분했다. 미셸은 첫 번째 읽기에서 별다른 언급 없이 지나쳤던 사건, 즉 운항에서 실수를 저지른 조종사의 '임무 해제released'에 대해 다음과 같이 서술했다.

> 이제 '임무 해제'가 무엇인지 알겠다! 처음 읽었을 때는 조종사가 '임무 해제'될 것이라고 했을 때 그냥 그가 일자리를 잃는 것이라고 생각했다. 이제는 그것이 그가 죽임을 당한다는 뜻임을 알게 되었다.

두 번째 읽기가 진행되는 동안 나는 학생들이 다른 색의 펜이나 연필을 사용하여 새로운 메모를 추가하고, 질문을 던지고 답하며, 등장인물에 대한 새로운 인상을 기록하고, 사건에 대한 새로운 해석을 제시하도록 독려했다. 다시 읽기 후에 질문을 할 때, 나는 특정한 읽기에 대해 어떤 인상을 받았는지보다 두 읽기 사이의 간극에 대한 학생들의 인식에 초점을 두었다. 나는 특히 학생들이 첫 번째 읽기 이후 자신의 인식이 어떻게 변화했는지에 주목하고 이에 대해 설명하도록 장려했다. 토론을 하면서 나는 다시 읽기가 소설을 이해하는 데 어떤 영향을 미쳤는지 알게 되었다. 아이린은 그들이 이전에 본 다큐멘터리 영화를 떠올리면서 다음과 같이 언급했다.

이 책을 처음 읽었을 때는 '동일성'이 꽤 좋은 것이라 생각했어요. 그러니까 그 개념에 어떤 잘못된 것이 있다고 생각하지 않았어요. 하지만 모리셔스에 관한 영화를 보고 나니 '동일성'이 그렇게 좋은 것만은 아닐 수도 있겠다는 생각이 들었어요.

일주일간의 다시 읽기를 마친 후, 우리는 학생들에게 소설의 주요 주제와 두 번의 읽기 사이에 있었던 한 달 동안에 탐구한 내용을 바탕으로 윤리적 문제를 탐구하는 짧은 에세이를 쓰도록 했다. 우리 사회에서 안락사를 허용해야 하는가? 모든 사람들이 정보에 접근할 수 있도록 해야 하는가? 모든 사람들이 자유롭게 자신들의 자녀 양육을 선택할 수 있어야 하는가? 에세이를 통해 학생들이 읽고, 해석하고, 다시 읽는 과정에서 윤리적 문제에 대한 인식과 이해를 달리했다는 것을 확신할 수 있었지만, 쉽게 알아차리지 못했던 또 다른 통찰이 있었다는 것을 나중에 알게 되었다. 연구가 종료되고 나서 몇 주 후, 네 명의 학생과 토론하던 중 학생 지나가 자신의 가족이 해외로 이주할 예정이라서 『기억 전달자』 책을 다른 필요 없는 물건들과 함께 버려야 할지도 모른다고 말했다. 지나는 이에 동의하지 않았다.

하지만 버릴 수는 없어요! 그건 너무… 살아 있어요! 제 모든 메모와 글들이 들어 있어요. 엄마가 이 책을 읽고 제가 쓴 모든 것을 볼 수 있도록 보관하고 싶어요. 그리고 엄마가 무슨 생각을 하는지 알 수 있도록 엄마도 이 책에 글을 써주셨으면 좋겠어요. 엄마가 제가 무슨 생각을 하는지 알게 된다면, 저도 엄마가 무슨 생각을 하는지 알고 싶어요. 그러고 나서 책을 보관했다가 나중에 내 아이들에게 주면, 아이들도 읽을 수 있겠죠. 이것은 마치 역사처럼 남을 거예요!

행동의 조정을 이끌어 내지 못하는 탐구는, 탐구가 아니라 단순히 말장난에 불과하다(Rorty, 1999: xxiii).

문학 텍스트와 상호작용하는 방법으로써 커먼플레이스 북을 활용한다는 것은 무엇을 의미하는가? 로티에 따르면, 이러한 행위는 세계로부터 독립적이며 초월적인 일련의 진리들이 존재한다는 본질주의적 사유를 거부한다는 선언이다. 학생들은 소설에서 찾을 수 있는 지식을 서술해 보라는 요구 대신 등장인물 및 플롯과 관련하여 변화해 가는 정체성에 대해 비평적 인식을 할 것을 요구받았다. 문학 작품에 참여하는 것은 단순히 등장인물과 자신을 동일시하게 되거나, 도덕적 교훈을 배우거나, 인식의 폭을 넓히는 데 그치지 않는다. 물론 그러한 효과도 있겠지만, 커먼플레이스 북의 활용을 통해 문학적 참여는 창의적이고 비판적인 해석을 위한 아카이브archive[2] 장소를 만들어 낼 수 있다. 이 문학 아카이브에는 (인쇄된 텍스트로 드러나는) 저자의 기여, 독자가 기억하고 현재 살고 있는 경험, 텍스트와 관련된 기타 출판 및 구술 자료, 독자를 둘러싼 다양한 독서 맥락과의 상호작용이 포함된다. 앞서 말한 모임과 학교에서의 읽기 활동에 존재하는 이러한 맥락들 속에는, 반복해서 읽는 동안에, 그리고 읽고 난 후에 수행했던 공동의 해석 작업이 포함된다.

공유된 읽기와 반응 경험에 대한 이러한 통찰은 독창적인 것은 아니다. 문해력 및 독자 반응을 탐구하는 연구자들은 문학적 참여와 반응이 독서의 다층적 맥락과 연관되는 복잡한 방식을 자세하게 설명한 바 있다(Beach, 1993; Bleich, 1987; Fish, 1980; Meek, 1991; Rosenblatt, 1978). 커먼플레이스 북의 아이디어와 이와 함께 개발된 교육 활동이 이러한 통찰에 더하는 것은, 문학적 참여의 조직과 구조에서 개인적·집단적 학습이 어떻게 발생하는지를 더 상세히 설명한다는 점이다. 특히 앞서 제시한 독서 경험에서 설명한 바와 같이, 커먼플레이스 북 쓰기 활동은 자아/타자, 마음/신체, 개인/집단, 소설/비소설, 문학/비문학이 깔끔하게 구분된 범주로 존재하는 것이 아니라 서로 모호하고 유동적인 관계 속에 존재한다는 것을 보여준다. 무엇보다도 이러한 활동은 인간이 개인적 정체성을 경험하는 과정을 명확히 보여주며, 이러한 경험이 기억 속의, 그리고 현재 살아 있는, 나아가 상상 속의 정체성과 관계들에

---

2   정보의 집적 공간을 말한다.

의해 구성된다는 것을 밝히고 있다는 점에서 중요한 의미가 있다. 소설 문학의 독자들은 이를 통해 다음의 사실, 즉 비록 문학적 참여가 허구와 관련된 것으로 취급되더라도, 다른 경험에 비해 영향력이 덜한 것으로 여겨지지는 않는다는 사실을 이해하게 된다.

다시 말하지만, 이것은 독자, 교사, 또는 문학적 참여를 탐구하는 연구자들에게 새로운 소식이 아니다. 그러나 문학적 참여에 대한 대부분의 논의에는 학습의 장으로서의 문학적 참여에 대한 명시적인 이론화가 빠져 있다. 구체적으로 말하면, 문학적 참여에 대한 반본질주의적 설명이 학습에 대해 시사하는 바가 무엇인지, 교사가 학교에서 학습을 어떻게 조직할 것인지 생각하는 데 있어 문학 작품 함께 읽기를 어떻게 고려해야 하는지에 대해 제대로 논의되지 않고 있다. 이 마지막 요점을 강조하기 위해, 커먼플레이스 북 활동이 언어와 문해력, 자아 감각a sense of self을 유지하는 경험 사이의 지속적인 발달을 어떻게 명료화하고 지원하는지 간략히 설명하고자 한다.

『잉글리시 페이션트』의 영국인 환자가 쓰는 커먼플레이스 북은 인간이 자아를 개발하고 유지하는 데 도움이 되는 문화적 산물과 관습을 어떻게 발전시켜 왔는지 보여준다. 영국인 환자의 커먼플레이스 북은 단순히 그가 수집한 흥미로운 정보들을 모아둔 장소가 아니다. 그의 커먼플레이스 북은 계속해서 다시 읽히고, 영국인 환자를 알고자 하는 다른 사람들에 의해 읽히고 토론되기 때문에, 지속적인 해석이 필요한 진화하는 문화적 아카이브로 기능한다. 휴대할 수 있는 커먼플레이스 북은 노마드적 삶을 선택한 영국인 환자에게 역사적·현재적·상상적 정체성을 해석하는 지속적인 과정을 제공하는 중요한 도구이다.

영국인 환자가 커먼플레이스 북을 어떻게 활용하는가 하는 것은 인간의 정체성이 기억, 서사, 문화적 산물에 의해 어떻게 구성되는지를 밝히는 데 도움을 준다. 일관된 자의식을 유지하려면, 역설적으로 자기 자신에게만 관심을 기울이지 않고 자의식이 의존하는 다른 많은 관계들에 주의를 기울여야 한다. 따라서 자의식은 '실재'라고 이해된 것뿐만 아니라 상상된 것으로부터도 생겨난다.

물론 커먼플레이스 북은 인간이 고안한 다양한 형태의 해석 행위의 한 예일 뿐이다. 또 다른 예로 크리스마스, 하누카,[3] 추수감사절, 생일과 관련된 의식 등을 들 수 있다. 이러한 의식들은 인간이 자신의 경험에 대한 다양한 표현을 반복적이지만 결코 동일하지 않은 사건으로서 수집할 수 있도록 해준다. 의식이 거행될 때마다 그 의식을 둘러싼 익숙한 관습을 새로운 지식과 이해로 해석해야 하는 도전이 주어진다. 브루너(1990)가 설명했듯이, 의식은 문화적·가족적·개인적 서사들과 연관되어 있으며, 이는 개인이 자신을 식별하고 타인과 동일시하는 데 도움을 주는 기능을 한다.

---

3 유대교의 명절. 11~12월경 8일간 이어진다.

많은 작가들이 설명한 바와 같이, 사람들은 일상생활에서 파열과 복잡성의 증가를 경험하고 있다(Said, 1993; Bhaba, 1990; Borgmann, 1992). 국가 간의 경계가 변동을 겪었으며, 새로운 통신 및 전자 기술은 사람들이 더 큰 관계의 매트릭스 안에서 더욱 많은 의식적 경험을 개발할 수 있는 여건을 조성했다. 예를 들어, 나와 함께 일하는 청년들과 어린이들은 직접 대면하는 가족이나 친구뿐 아니라 사이버 공간에서도 다양한 관계를 형성한다. TV, 음악, 영화 속 인물과의 동일시가 지속되고 있는 것과 더불어, 인간이 과거보다 지적 능력을 발전시킬 기회가 더 많아졌다고 흔히들 생각한다.

그러나 항상 그렇지 않을 수도 있다. 『기억 전달자』에 등장하는 인물들의 경험은 직접적인 관계가 사람들 사이의 복잡하고 깊은 해석의 발달을 보장하지 않는다는 것을 시사한다. 이 소설에 묘사된 공동체의 모든 시민들은 가족 및 기타 사회 집단에서 서로 만날 충분한 기회를 갖고, 의미 있는 형태의 공동체 노동에 참여하지만, 그들의 현재 경험이 역사적으로 어떻게 조건화되었는가에 대한 이해가 부족하다. 기억 보유자만이 역사적 기억을 가질 수 있기 때문에, 다른 시민들은 그들이 어떻게 그리고 왜 하나의 공동체를 이루고 있는지에 대한 해석적 이해가 거의 없다. 역사와 상상이 결여된 이 소설의 등장인물 대부분은 언어와 사고의 서술적 혹은 기능적 방식에 갇힌 채 살아간다.

열두 살의 조너스를 통해 독자들은 이 사회에 무엇이 결여되어 있는지 엿볼 수 있다. 조너스는 늙은 기억 전달자의 견습생으로서, 자기 문화의 현재 상황에 대한 더 깊은 이해를 조건화하는 역사적 이미지와 서사를 전달받는다. 이 지식은 해석을 필요로 하기 때문에 어렵다(Britzman, 1998). 새로운 지식을 수용하기 위해 조너스는 현재에 대한 믿음을 조건으로 하는 이해의 그물망을 수정해야 한다. 문화적 기억이 발달함에 따라 조너스는 자신만의 해석을 위한 공통 공간을 만들어 내는데, 이는 과거를 이해하는 데 도움을 줄 뿐만 아니라 좀 더 중요하게는 이 지식을 이용하여 현재 존재하는 것과 미래에 존재할 수 있는 것을 해석하는 데 도움을 준다.

역사적 서사를 현재 상황과 연관시키는 것의 중요성은 교육자들, 특히 문학 교사들에게 낯설지 않다. 문학 작품을 공부함으로써 우리는 자신의 문화권이든 다른 문화권이든, 그 역사적 사실을 더 깊이 이해할 수 있게 된다. 최근 수십 년 동안 독자 반응 이론 분야, 특히 로젠블랫의 문학적 참여 이론에 기반한 논의들은 문학 교사가 독자, 텍스트, 독서 맥락 사이에서 발전한 관계의 중요성을 이해하는 데 도움을 주었다(Appleyard, 1990; Beach, 2000; Bleich, 1978). 학교교육의 맥락에서는 자신의 정체성을 문학 속 인물과 연관 지어 표현하고, 이러한 정체성이 어떻게 개인적 유대감을 형성하는지를 탐구하는 활동이 권장되었다. 이러한 변화는 비판적 해석을 구성하는 요소에 대해 더 확장된 관점을 제시한다는 점에서 중요한 발전이다. 하지만 독서 행위 자체가 개인적·문화적 지식 및 이해를 지속적으로 조절하는 것과 관련된 복잡한 문화 활동에 어떻게 기여하는지 이해하는 데까지는 이르지 못했다. 이와 관련하여 특히 포스트구조주의자들(Derrida, 1992; Foucault, 1972; Kristeva, 1984)을 중심으로 주목할 만한 이론적 움직임이 있었으나, 이러한 흐름은 학교교육 활동에 통합되기가 어려웠다. 왜냐하면 이러한 통찰력이 학교에서 일반적으로 환영받지 못하는 상대주의적 관점으로 인식되기 때문이다.

로티(1989, 1999)의 실용주의 철학[4]에 기반하여, 나는 이 책에서 설명하는 커먼플레이스 북 쓰기 활동을 내가 '목적론적 교육학'이라 부르는 것의 한 예로서 제안하고자 한다. 이러한 실용주의의 관점에서는 표현과 현실 사이에 필연적인 대응 관계가 있다는 믿음을 버리는 것이 중요하다. 로티(1999: 27)는 다음과 같이 설명한다.

실용주의자는 사물이 실제로 존재하는 방식이 있다고 믿지 않는다. 그래서 실용주의자는 외양과 실재의 구분을 세계와 우리 자신에 대한 묘사 사이의 구분으로 대체하고자 한다. 그러한 설명은 덜 유용하기도

---

[4] 로티와 같이 'Pragmatism' 범주에 포함되는 철학자 중에는 지식의 유용성을 강조하는 이들도 있으나, 'Pragmatism'에 속한 모든 이들이 그런 입장을 취하는 것은 아니다. 따라서 'Pragmatism'을 '실용주의'로 번역하는 것은 그 사조에 대한 오해를 발생시킬 수 있기 때문에 철학이나 교육학에서는 이를 원어에 대한 한국어 음차인 '프래그머티즘'으로 옮기는 경우가 많다. 단 본서의 경우, 저자가 로티의 입장을 수용하고 있기 때문에 이런 관례를 따르지 않고 '실용주의'로 번역했음을 밝혀둔다.

하고, 또한 더 유용하기도 하다. "무엇에 유용한가?"라는 질문을 던진다면 "더 나은 미래를 만드는 데 유용하다"라는 말 외에는 달리 할 말이 없다.

실용주의 철학의 관점에서 볼 때, 독자는 문학 작품 속 인물과의 동일시를 통해 유용한 지식을 생산할 수 있다. 실용주의자는 문학적 경험을 간접적인 것으로 간주하지 않으며, 독자가 특정한 언어로 표현한 **또 다른** 경험으로 여긴다. 따라서 문학적 참여는 다른 경험에 비해 영향력이 덜한 것이 아니며, 다만 그 조건이 다를 뿐이다.

나의 커먼플레이스 북 활동은 복잡한 형태의 관계가 뒷받침되고, 다양한 형태의 해석이 이루어지는 상황에서 해석적 이해가 깊이 있게 전개된다고 보는 실용주의적 관점과 맞닿아 있다. 문학 텍스트에 참여하고, 반응을 기록하고, 다른 사람들과 반응에 관해 토론하고, 새로운 형태로 이를 표현하는 목적은 소설의 특성에 주목하기 위한 것이 아니다. 그보다는 소설의 특성을 활용하여 독자의 반응이 전개되고 수집되고 해석될 수 있는 조건을 만드는 데 그 목적이 있다.

문학적 참여에 대한 실용주의적 이해는 독자/문학 텍스트 간의 관계와 관련된 해석 행위를 '문학 인류학'으로 명명한 이저(1989, 1993)의 연구에 의해 뒷받침된다. 이저에 의하면 독자는 항상 자신이 읽고 있는 텍스트를 해석하는데, 이때 해석은 독자의 자아 정체성의 지속적인 발달에 관여하게 된다. 이는 블레이치(Bleich, 1978)의 해석 공동체 interpretive community 개념, 즉 문학에 대한 개인적인 반응 방식들이 독서라는 개인과 개인, 텍스트와 텍스트 사이에서의 경험들과 불가분의 관계에 있다는 생각에 연결되어 있다. 결과적으로 문학 인류학 개념은 문학 텍스트와의 관계가 문화에 대한, 그리고 그 문화가 역사적으로 영향을 받는 방식에 대한 지속적인 해석을 돕는 생산적인 장소가 될 수 있다는 믿음을 기반으로 한다. 이러한 문학적 공통 공간 안에서 독자들은 자신과 타인, 그리고 경험의 맥락에 대한 과거와 현재, 그리고 상상된 해석을 검토할 기회를 갖게 된다.

철학적 해석학은 문학 인류학의 개념 및 커먼플레이스 북 활동의 활용을 더욱 정교하게 만드는 데 사용할 수 있는 해석적 관점을 제공한다. 하이데거(Heidegger, 1977)에 따르면, 해석학적 탐구는 단순히 성서나 법학서, 문학 텍스트에 대한 주석을 다는 일이 아니라 인간 경험에 대한 연구로서의 의미를 가진다. 철학적 해석학의 핵심은 인간이 인식하는 사건들이 경험을 통해 퇴적된 것이며, 그렇기에 역사적이고 맥락적으로 해석되어야 한다는 것이다. 가다머(1976, 1990)는 이러한 관점을 변증법적 해석학으로 확장하여 이해를 인간과 문화적 산물 간의 관계에 대한 해석으로 설명했다. 독자와 독서 행위 간의 관계에 관한 연구에서 문학 텍스트는 이러한 문화적 산물로서, 경험의 해석에 있어 중요한 의미를 갖게 된다.

그러나 독자가 문학 작품과 맺는 관계가 문학 인류학이나 철학적 해석학의 해석 작업을 전적으로 구성하는 것은 아니다. 앞서 『잉글리시 페이션트』와 『기억 전달자』의 연구에 대한 설명에서 언급했듯이, 문학적 참여는 독자가 기억하고 상상한 경험과 함께여야 존재할 수 있다. 문학 활동을 통해 비판적 인식을 형성하기 위해서는 명시적인 해석 과정이 필요하다. 앞서 『잉글리시 페이션트』 함께 읽기에 나타난 해석 과정에는, 하나의 독자 집단으로서의 우리가 소설의 등장인물을 통해 서로 형성했던 통찰과, 독자 집단이라는 맥락 밖에 있는 우리들의 관계를 통해 얻은 통찰이 동시에 작용했었다. 소설 속 등장인물들이 서로에 대해 배우고, 집단적 실천을 통해 자기 정체성에 대한 새로운 이해를 만들어 내기 시작할 때, 독자인 우리 역시도 이러한 과정을 따라가고 있었다. 문학적 관계와 대면 관계의 그러한 얽힘을 통해 우리의 개인적 역사와 교육 신념 및 실천에 대한 통찰력이 생겨났던 것이다.

물론 통찰력의 생성은 문학 활동에만 국한되는 것은 아니다. 인간이 살아가는 모든 순간에서 우리는 이미 알고 있는 것을 새로운 정보와 상황에 맞게 해석하고 수용할 수 있어야 한다. 그러므로 철학적 해석학은 특별한 학문으로 이해되기보다는 인간이 끊임없이 사용하는 해석의 과정과 동일한 것으로 보아야 한다. 그러나 이러한 일상적인 해석학적 실천이 더 깊이 있게 전개되기 위해서는 명시적으로 이루어져야 할 뿐만 아니라 역사적이고 맥락적인 이해를 바탕으로 이루어져야 한다.

데이비드 스미스(David G. Smith, 1991)[5]가 말한 바와 같이, 해석학은 인간으로서의 경험과 지식을 만들고 사용하는 실천 사이의 관계를 이해하려는 작업이라고 할 수 있다. 해석학적 탐구는 특정한 경험을 가능하게 하는 조건과 그 경험들에 대한 해석을 조명하고자 한다. 따라서 해석학적 탐구는 단순히 사물이 어떻게 작동하는지에 대한 것이거나 이러한 사건들의 사회 정치적 구조에 대한 탐구가 아니라, 해석자 자신과 다른 사람들에게 유용한 창조적 해석에 참여하는 활동이다.

당시에는 깨닫지 못했지만, 어린 시절의 나는 문학 작품에 대한 동일시로부터 해석학적 해석hermeneutic interpretation을 만들어 내곤 했다. 학교 밖 보육 시설을 이용할 형편이 안 되는 이민자 부모의 외동딸이었던 나는 집에서 혼자 보내는 시간이 많았다. 글을 읽을 수 있고 지역 도서관에서 책을 구할 수 있었기 때문에, 나는 문학 작품 속 인물들 및 그들의 상황과 관계를 발전시키면서 많은 시간

---

5 미국의 철학자로, 인간과 세계에 대한 이해는 언어를 통해 실재를 발견하여 이루어지는 것이 아니라 해석을 통해 의미를 부여함으로써 이루어진다고 보았다. 그 과정에서 때로는 왜곡이 일어나기도 하며, 그렇기에 해석의 과정에서 윤리적·비판적 성찰이 이루어져야 한다고 주장했다.

을 보냈다. 그러면서 나의 경험이 어른들이 부여한 삶의 경계를 뛰어넘을 수 있다는 것을 일찍이 배웠다. 소설을 다시 읽은 기억은 없지만, 읽는 행위가 끝난 후에도 한참 동안 등장인물에 대해 계속 생각했던 기억이 난다. 이러한 반추가 몇 주, 몇 달에 걸쳐 이루어졌기 때문에 내가 진실이라고 믿었던 것이 바뀔 수 있다는 것을 배웠다. 나의 통찰에서 중요한 지점은 나의 상황이 바뀌어도 등장인물과 그들의 상황은 변하지 않는다는 사실을 깨달은 것이었다. 인쇄된 텍스트를 구심점으로 삼아 나 자신의 변화에 대해 비판적으로 이해할 수 있게 되었다. 문학적 참여가 나의 경험을 해석하는 데 어떤 도움을 주는지 알게 되었다는 점에서, 나중에 나에게 유용하게 쓰일 해석학의 한 형태를 연습하고 있었다고도 할 수 있다.

물론 나의 경험은 새로운 것은 아니었다. 이저(2000)가 설명한 바와 같이, 해석학은 율법(모세5경)[6]을 해석하는 유대교 전통의 영향을 강하게 받은 서구의 해석적 관행으로부터 나왔다. 이러한 해석 관행은 성전聖典과 해석자의 현재 삶의 경험 사이의 관계를 형성하는 것을 주된 목표로 삼아왔다. '닫힌', 즉 새로운 텍스트가 추가되지 않는 정전正典 텍스트로서, 율법은 흥미롭고 생산적인 역사적 산물로서 기능한다.

---

6   구약성서의 맨 앞에 있는 『창세기』, 『출애굽기』, 『레위기』, 『민수기』, 『신명기』 등 5종의 책을 일컫는다.

유대교 전통에서는 미드라시 해석Midrashic interpretation[7]이 발전해 왔는데, 이는 커먼플레이스 북에 대한 나의 교육적 관심을 뒷받침한다. 미드라시 해석의 기본 전제는 율법과 율법 밖의 세계 사이에 차이가 있다는 것을 명시적으로 인정하는 것이며, 이러한 차이는 지속적인 해석 작업을 통해 연결되고 중재될 수 있다. 이러한 작업이 계속되면서 두 세계 사이의 경험적 차이가 유지되기도 하고 제거되기도 한다. 이러한 관점에서 볼 때 텍스트의 수수께끼는 결코 풀릴 수 없으며, 새로운 맥락과 관련하여 계속해서 새롭게 해석된다.

미드라시 해석의 장치 중 하나는 '마샬mashal'인데, 이저(2000)에 의하면 이는 우화나 비유와 유사하며, 정전 텍스트와 해석자의 외부 상황 사이에 삽입된다. '마샬'은 정전과 살아 있는 경험 사이에 다리를 놓는 역할을 한다. '마샬'의 수행 구조는 매우 구체적이어서, 창작된 서사의 낭송으로 시작해서 서사의 전개에 대한 간략한 설명이 이어지고, 주어진 해석을 확인하기 위한 '증거 텍스트prooftext'로 율법의 짧은 구절이 제시된다. 지리적으로 정착지를 상실한 유대인들은 이러한 텍스트 해석 행위를 통해 그들의 문화를 지속적으로 창조해 갈 수 있었다.

---

[7] 유대교에서는 성경에 대한 다양한 해석 방법을 발전시켜 왔다. 미드라시 해석은 그중 하나로, 문자 그대로의 해석을 넘어 성경 밖 맥락들과의 관계 속에서 성경을 해석하는 것을 말한다.

영국인 환자가 자신과 다른 사람들이 볼 수 있도록 주석이 달린 커먼플레이스 북을 계속 지니고 있는 것은 신원 확인과 유사한 것이라고 볼 수도 있다. 누구인지 알아볼 수 없을 정도로 화상을 입은 영국인 환자는 간호사 한 사람과 두 명의 전쟁 난민과 함께 버려진 수녀원에 고립되어 있었다. 그는 자신이 누구였는지를 상기시키는 동시에 자신이 어떤 사람이 되어가고 있는지에 대한 해석의 출발점으로 헤로도토스의 『역사』를 활용한다. 영국인 환자는 자신의 경험과 헤로도토스의 경험을 나란히 배치함으로써 자신의 성장을 인식하는 동시에 자신이 처한 상황에 대한 통찰을 얻을 수 있었다.

그러나 영국인 환자의 경험은 학교 환경에서는 쉽게 재현되지 않는다. 학교 밖에서라면, 문학 텍스트는 일반적으로 독자가 읽으면서 자신의 경험과 해석을 삽입할 수 있는 '열린' 텍스트로 여겨진다. 그러나 공교육에서의 문학 텍스트는 그러한 학교 맥락 밖의 텍스트와 다르게 기능한다. 특히 학교에서 '교육과정'으로 지정된 텍스트는 일반적으로 '닫힌' 텍스트로 취급된다.

이러한 폐쇄적인 정전의 지위는 문학적 참여의 주된 목표가 텍스트에 내재한 진리를 발견하는 것이었던 과거의 '자세히 읽기 close reading' 관행과 일치했다. 이러한 관행은 중등 및 고등교육 과정에서 계속 유지되고 있지만, 이를 뒷받침하는 신념 체계는 광범위하고 철저한 비판의 대상이 되어왔다(Fish, 1980; Iser, 1978; Rosenblatt, 1978). 이러한 문제 제기는 공교육에 영향을 미쳐 독자 반응 중심의 수업으로 보편화되고 있다. 그러나 새로운 관행의 도입이 반드시 다른 관행이나 그러한 관행을 뒷받침하는 신념 체계를 대체하는 것은 아니라는 점을 기억하는 것이 중요하다. 나의 연구에 따르면 학생들은 개인적으로 반응할 때는 문학 텍스트를 '열린' 시각으로 보도록 요구받지만, 주요 갈등이나 주인공의 비극적 결함을 확실하게 파악해야 할 때는 '닫힌' 시각으로 보도록 요청받고 있었다. 이러한 긴장을 생산적인 방식으로 활용하려면 어떻게 해야 하는 것일까?

어린이들이 『기억 전달자』를 읽고 해석하는 데 사용된 커먼플레이스 북 활동이야말로 '진리'를 경험의 질을 향상하는 데 도움이 되는 지식으로 보는 실용주의적 믿음을 드러낸다. 일종의 '아카이브'로서 커먼플레이스 북은 텍스트 안팎의 경험에 대한 다양한 표현의 흔적을 수집하는 상호 텍스트intertext로 기능하면서 흥미로운 해석의 장을 열 수 있다. 이러한 상호 텍스트는 독자가 텍스트를 한 번 읽는 것으로 충분히 형성될 수 있다. 이는 로젠블랫(1978)이 제안한 것으로, 더 이상 설명할 필요가 없는 개념이다. 그러나 상호 텍스트적 소통이 생성적인 것이 되려면 주석 달기, 다른 형태의 반응, 다시 읽기 등의 활동이 적극적으로 활성화되어야 할 것이다. 이저(1975, 1978)가 설명했듯이, 소설 텍스트에서 생성된 불확정성의 공간은 다양한 해석의 기회를 제공한다. 이러한 생산적인 불확정성은 앞서 설명한 커먼플레이스 북 활동에서 개인 및 집단의 분석을 담은 텍스트 내 주석 쓰기를 최소한 두 번 이상 추가함으로써 더욱 확장될 수 있다. 텍스트 내의 불확정성과 함께 텍스트에 대한 여러 층위의 상호 반응에 의해 생성되는 관계를 해석하는 행위는 독자에게 흥미롭고 생산적인 해석 공간을 제공한다.

이러한 활동은 미드라시 해석에서의 길고 정교한 일련의 의식들과 완전히 동일하지는 않지만 몇 가지 유사점이 있다. 미드라시 해석과 마찬가지로, 『잉글리시 페이션트』와 『기억 전달자』 읽기에서의 커먼플레이스 북 활동은 독자들에게 텍스트가 알려주는 세계와 텍스트 밖에서 경험한 기억, 현재, 상상의 세계를 연결하는 관계, 즉 이야기를 지속적으로 발명할 것을 요구했다. 또한 『역사』와 『기억 전달자』를 다중적 읽기 및 해석이 가능한 텍스트로 간주함으로써 독자들은 다양한 형태의 개인적·집단적 해석을 할 수 있게 되었다.

나는 커먼플레이스 북 활동을 초등학생과 고등학생, 학부생과 대학원생 모두를 대상으로 활용한다. 학생들은 자신에게 의미 있고 도움이 될 것으로 보이는 통찰을 얻기 위해 자신들이 단 주석과 다양한 상호 텍스트적 해석을 활용할 수 있다. 문학 작품을 읽고 다시 읽으며 커먼플레이스 북을 작성해 가는 과정에서, 학생들은 해석이 필요한 흥미로운 개인적·문화적 아카이브를 만들어 낸다. 구조적인 읽기 및 쓰기 활동을 통해 학생들은 정전 텍스트의 다양한 측면들을 조합하고, 텍스트와의 관계에서 발전한 이야기를 만들며, 이러한 관계에서 나오는 지식을 적용할 기회를 갖게 된다.

실용주의자로서 나는 학생들이 커먼플레이스 북 활동에 참여함으로써 진리를 '발견'하는지 또는 '만드는지'를 구분하려 하지 않는다. 학생들은 허구적 인물과 상황과의 관계를 발전시키는 과정에서 문화적 아카이브를 창출하고 이를 해석하는 탐구에 참여하는 것이다. 또한 학생들은 해석학적 과정에 참여하는 것이다. 그들은 단지 텍스트와의 즉각적 관련성을 묘사하거나 설명하는 것이 아니다. 그들은 자신들의 역사적이고 텍스트적인 맥락 안에서 이러한 관련성을 이해하려고 노력한다. 가장 중요한 것은 학생들이 커먼플레이스 북을 만들고 해석하는 과정에서 그들 스스로가 흥미롭고 유용하다고 생각하는 통찰을 생성하고 있다는 점이다.

이 장의 앞부분에서 지나 학생의 『기억 전달자』에 대한 해석을 소개한 바 있다. 지나는 어머니와 함께 소설을 읽고 주석을 작성하는 활동을 통해 대화를 나눈다면 어떤 일이 일어날지 궁금해했다. 지나는 『기억 전달자』를 다시 읽으며 그녀의 정체성을 형성한 경험을 일반화하면서, 이러한 활동을 통해 어머니와의 관계에 대한 통찰을 생성할 수 있을 것이라고 추측한다. 지나는 상호 간의 문학적 참여를 통한 이러한 변증법의 결과가 '하나의 역사처럼' 될 것이라는 통찰력 있는 주장을 한다. 이러한 표현을 통해 지나는 문학적 참여가 대면으로 만나 갖게 되는 사람과의 관계와 동일하지 않다는 생각을 드러낸다. 그녀는 또한 이러한 문학적 참여가 지식의 생성과 활용이라는 지속적인 작업에 참여하도록 하는 잠재력을 가지고 있음을 증명한다.

커먼플레이스 북 활동은 익숙한 것과 낯선 것 사이의 관계를 풀어내는 장소를 제공하여 통찰력의 생성을 위한 조건을 만든다. 이러한 활동은 무한한 정보에 접근함으로써 인류 문명이 더 발전할 수 있다는 우리 시대에 만연한 믿음을 재고하게 만든다. 정보만으로는 이해를 보장할 수 없다. 정보에는 해석이 필요하고, 해석을 위해서는 학습된 방법이 필요하다.

3장

정체성 해석하기 1:
문제를 일으키는 몸들

이 장에서는 1994년부터 1997년까지 교사 그룹과 함께 수행한 연구에서 사용한 커먼플레이스 북 활동에서 얻은 한 가지 결과물을 보여주고자 한다. 이 결과물은 문학적, 이론적, 그리고 상호 관계적 참여의 여러 교차점을 드러낸다. 이 글을 쓸 당시 나는 밴쿠버섬으로 떠난 주말 휴가에서 경험했던 것들을 생각하고 있었다. 나는 또한 루이즈 디살보의 『숨이 찬: 천식 일기 *Breathless: An Asthma Journal*』 (1997)를 다시 읽고 있었다. 동시에 나는 가족, 특히 어머니와의 관계, 읽고 있던 책과의 관계, 떠오르는 새로운 아이디어와의 관계 등 나의 경험의 다양한 측면들을 계속해서 해석하고 있었다.

나도 커먼플레이스 북 활동을 해오기는 했으나 '영국인 환자' 와 동일한 방식으로 수행한 것은 아니다. 그와 마찬가지로 나도 내가 읽은 책에 나의 반응의 흔적을 기록하고, 내가 발전시키고 있는 아이디어에 대한 더 깊은 통찰을 생성하기 위해 좋아하는 책을 다시 읽기도 했다. 하지만 이 장을 쓰는 과정에서 해석을 위한 나의 '공통 공간'은 좀 더 모호하게 구성되었다. 「정체성 해석하기1: 문제를 일으키는 몸들」에 제시된 내용으로는 분명하지 않지만, 내가 여기에서 제시하는 통찰은 주로 힐튼 알스(Hilton Als)의 소설 『여자들 The Women』(1997)을 읽고 다시 읽은 데에서 나왔다. 이 소설을 읽었을 때 나는 교사들과 함께 수행한 나의 연구를 마친 상태였다. 『여자들』을 읽으면서 나는 나의 연구 노트를 다시 찾아보고, 노트에 언급된 문제들과 관련된 이론적·철학적 자료들을 다시 읽게 되었다. 따라서 이 장은 연구 보고서라기보다는 문학 작품에 대한 나의 참여 및 연구, 그리고 기타 개인적인 경험에 대한 기억과 과거의 표현이 병치되면서 생겨난 통찰을 담고 있다.

내가 이 글에 '문제를 일으키는 몸들'이라는 부제를 붙인 것은 이 표현이 생물학적 몸, 문학적-이론적 지식의 몸, 문화적-집단적 몸이 끊임없이 서로 교차하는 방식을 잘 나타내기 때문이다. 이러한 몸들이 '문제가 될 수 있다'는 언급은, 동시에 문제를 '일으키는 것'의 중요성도 함께 암시한다. 다음 장에서 더 자세히 설명하겠지만, 인간의 인식은 때때로 방해받아야만 일상에서 자주

간과되는 세부 사항들에 더 잘 주의를 기울일 수 있게 된다.

먼저 이 글은 완전하거나 자명한 설명이 아니라는 점을 강조하고자 한다. 이 글은 산문과 비슷하지만, 나는 독자들이 이를 시적으로 읽어주기를 바란다. 각 부분은 시와 같이 경험과 연결된 이미지를 나타낸다. 이러한 이미지들 사이의 전환은 때때로 모호하지만, 이미지들은 서로 연관되어 있다. 이 글에서 나의 목표는 독자들에게 해석학적 과제를 제시하는 것이다. 시의 독자가 독자와 텍스트 사이의 관계에서 개인적 의미를 생성하기 위해 상당한 상상력을 발휘해야 하는 것처럼, 이 글은 독자에게 개인적 지식을 가지고 구절들을 연결해 보기를 요청한다.

「서문」에서 언급했듯이, 이 경험 기술적 글쓰기는 4장, 6장과 연결된다. 이 장들은 연구의 맥락에서 도출된 것으로, 연구자 또는 교사가 문학적인 혹은 그 외의 탐구들에서 어떻게 협력하는지를 보여주려는 것이다. 또한 문학 텍스트에 참여할 때, 특히 이러한 참여가 해석 행위에 의해 뒷받침될 때 어떤 일이 일어날 수 있는지에 대해 독자에게 예증해 보이고자 한다.

1996년 4월, 브리티시 컬럼비아주 토피노. 새벽 세 시, 나는 잠을 이룰 수 없다. 어머니가 옆방에서 천식 증세로 밤을 지새우고 있기 때문이다. 어머니는 나와 나의 파트너와 함께 밴쿠버섬 해변의 삭은 오두막집으로 일주일간 휴가를 떠나왔다. 6개월 전 이 여행을 계획할 때만 해도 나는 어머니를 사랑했고, 어머니가 이 끔찍한 병에 걸렸다는 사실을 잊고 있었다. 지금, 한밤에 이렇게 깨어 있을 때, 나는 그녀를 사랑하지 않는다. 그녀는 우리 휴가를 방해하고 있다. 나는 이 병이 그녀의 잘못이라고 생각한다. 그녀의 몸은 나를 괴롭힌다.

루이즈 디살보는 자신의 책 『숨이 찬』에서 갑작스런 만성 천식의 발병에 대한 자신의 개인적 경험을 해석하고 있다. 뛰어난 버지니아 울프 연구자이자 전기 작가인 디살보는 자신의 비판적 능력을 활용하여 자신의 몸이 어떻게 자신에게 문제가 되고 있는지를 이해하려 한다. 그녀는 이렇게 썼다(1997: 19).

일할 때 나는 종종 내 몸을 망각하곤 한다. 몸은 존재하지 않는다. 아프고 나서부터는 모든 것이 바뀌었고, 이제 내 몸은 펜을 움직일 때마다, 자판을 두드릴 때마다 스스로를 인식하게 되었다. 나는 전에 없던 방식으로 내 몸을 통해 글을 쓰고 있다. 이것이 무슨 의미일까? 나의 작업에 어떤 변화가 있을까?

1997년 5월, 브리티시 컬럼비아주 토피노. 한밤중인데 테리의 성전환에 대해 생각하느라 잠을 이룰 수가 없다. 작년에 테리가 우리 교사 연구 그룹에 합류한 이후 이 문제에 대해 많이 생각해 왔다. 오늘 밤, 우리가 작년에 어머니를 모시고 왔던 바로 그 장소에서 마지막 워크숍을 한다는 사실이 흥미롭게 느껴진다. 오두막 앞에서 파도 소리를 들으며 나는 내가 테리에게 화가 나 있다는 것을 깨달았다. 왜 그녀는 자신의 성전환 경험에 대해 계속 이야기해야 하는 걸까? 그녀는 우리가 공부하고 있는 소설에 대해 이야기하는 것을, 우리가 해야 할 일을 계속하는 것을 방해하고 있다. 하지만 그녀는 우리의 일을 더 흥미롭게 만들고 있다. 그녀의 몸은 나에게 문제를 일으킨다.

디살보는 트라우마에 대한 문헌을 검토하고, 천식과 같은 질병이 어린 시절의 트라우마에 대한 신체적 반응일 수 있다고 말한다. 많은 천식 환자들이 만성 우울증, 약물 남용, 거식증, 병적 비만을 갖고 있었다. 그들은 또한 자신의 몸과 갈등하는 관계에 있었으며, 종종 자신의 몸이 사라지기를 바랐다.

메를로 퐁티는 『지각의 현상학』(1945, 국:2002)에서 인간은 이중적으로 신체화doubly-embodied되어 있다고 말한다. 육체는 생물학적이면서 동시에 현상학적 구조이기도 하다. 최근 몇 년간의 신경과학 연구를 통해 우리가 경험을 할 때 생물학적으로 영향을 받지 않을 수 없다는 사실이 확인되면서 메를로 퐁티의 이중 신체 이론은 더욱 확고해졌다. 삶의 경험은 뇌, 신경계, 면역 체계, DNA 구조를 변화시킨다. 그렇다면 생각하는 행위가 유전적으로 아이들에게 전달되는 것을 변화시킬지도 모른다고 상상해 볼 수 있다. 어쩌면 성과 지식 사이에는 우리가 생각했던 것보다 더 밀접한 관계가 있을지도 모른다.

1996년 4월, 브리티시 컬럼비아주 토피노. 오두막에서 지내는 동안 어머니는 줄곧 독서를 한다. 그녀는 소설, 보통 매우 긴 대하소설만을 읽는다. 그녀는 독서에 대해 다른 사람들과 이야기하지 않지만, 책을 읽지 못했다면 어떻게 되었을지 모르겠다고 말한다. 천식 때문에 누워서 책을 읽는 것이 어렵기 때문에 그녀는 늘 앉아서 책을 읽는다. 그녀가 책을 읽을 때면 호흡이 좋아지고, 기침이나 쌕쌕거림 없이 오랫동안 책 읽기를 지속하는 것을 볼 수 있다. 말 그대로 독서가 그녀의 생명을 구하고 있는지도 모른다.

1997년 5월, 브리티시 컬럼비아주 토피노. 워크숍 둘째 날, 테리는 바닷가라는 장소와 자신의 과거 경험을 연결 짓는 글쓰기 활동에 참여한다. 다른 사람들과 마찬가지로, 그녀는 이전에 여러 번 해왔던 것처럼 그룹의 사람들에게 자신의 글을 읽어주기로 한다. 오늘 그녀는 자신의 어린 시절에 대해 이야기하며 자신을 "왜소한 천식 환자 꼬맹이"라고 묘사한다. 전에도 이런 이야기를 한 적이 있지만, 오늘에서야 이 이야기가 내게 의미 있게 다가왔다. 어쩌면 내가 이를 의식하는 것은 의자에 다리를 쭉 뻗고 앉아 있는 테리를 볼 때 그녀가 결코 왜소해 보이지 않기 때문인 것 같다. 그녀는 여전사이고, 다리가 길며, 넓은 공간을 차지하는 사람이다. 왜소한 존재로는 보이지 않는다. 나는 테리가 작년에 나의 어머니가 이곳에 오셨을 때 앉았던 바로 그 자리에 앉아 창밖의 수평선을 바라보고 있다는 것을 깨달았다. 인식의 충격이 일어난다. 테리는 자신이 천식을 앓고 있다고 말했다. 멀리 떨어져 있던 아버지, 외로웠던 어린 시절, 혹독한 교육, 남학생들에게 조롱을 받았던 일, 무수한 트라우마 등 나의 머릿속은 그녀와의 이야기 중 기억나는 것들을 정리하기 위해 분주해졌다.

디살보는 다음과 같이 썼다.

나는 천식이 학대로 인해 발생하는 호흡 장애이며 외상 후 스트레스의 징후일 수 있다고 생각한다. 천식은 천식을 앓고 있거나 한때 천식을 앓았던 사람이 너무 무서워서 죽을지도 모른다고 생각할 정도로 겁에 질려 있었다는 것을 말해준다고 믿는다(1997: 147). 〔…〕 몸은 기억한다. 몸은 의사소통을 한다(131).

『숨이 찬』을 읽으면서 어머니의 만성 천식과 테리의 어린 시절 천식 사이에 관계가 있다는 것을 확신하게 되었지만, 생물학적인 것과 현상학적인 것이 연결되어 있지 않다고 믿는 것이 더 쉽기 때문에, 나는 이러한 지식에 저항한다. 그러나 나는 나의 저항을 변호할 수 없다는 것을 알고 있다. 내 자신의 경험으로도 말이다. 그래서 나는 이해하기 위해 계속해서 노력한다. 나는 디살보의 만성

질환에 대한 해석, 어머니의 병과 함께 살아가는 방식, 신체를 바꾸기로 한 테리의 결정에 대해 연구하고 해석함으로써 학습에 대해 무엇을 배울 수 있는가에 흥미를 느낀다.

나는 내가 어머니의 독서 취향을 그대로 물려받았다는 것을 깨닫는다. 내가 기억할 수 있는 한 문학과의 관계 맺기literary relationship는 나에게 매우 중요한 것이었다. 최근에는 이러한 관계가 새로운 것을 배우는 데에는 물론, 학습 능력을 기르는 데에도 매우 중요하고 흥미로운 방법이라는 것을 알게 되었다. 디살보와 토니 모리슨(Toni Morrison, 1996), 지넷 윈터슨(Jeanette Winterson, 1995)과 같은 작가들이 제안했듯이, 문학적 형식들에 참여하는 것은 더 확장된 방식으로 지각하는 법을 배우는 데 필요한 조건을 만들어 준다. 문학적 관계는 해석의 장이며, 예술 작업들이 발생하는 장소이다. 이는 예술 작품, **그리고** 이것이 만들어 내는 표현의 대상을 의미한다. 나에게 있어 문학적 참여는 비문학적인 경험에서 익숙해진 것을 다시 낯설게 만들었다. 문학적 참여가 제시한 지식의 몸은 나에게 문제를 제기하고 있었다.

디살보는 작가, 예술가들이 이러한 행위를 통해 과거의 트라우마적 경험과 현재의 경험 간의 관계를 해석할 수 있는 장을 만들 수 있다고 주장한다. 따라서 예술 작품은 정체성을 형성하는 관계들을 비판적으로 해석하는 작업이다. 테리의 성전환은 예술적 작업이라고 할 수 있다. 자신의 몸을 창작의 장소로 만드는 것은 테리뿐 아니라 그녀를 아는 다른 이들에게도 비판적 해석이 가능한 장을 여는 것이다. 연구 그룹에서 테리와 함께 일하면서 우리 모두는 무엇이 남성과 여성을 만드는지 다시 생각하게 되었다. 우리는 테리의 몸이 우리에게 시사하는 바에 대해 고민하게 되었다.

천식을 앓았던 어머니와 오두막에서 지낸 경험 이후 5년, 연구 그룹과 함께 워크숍을 한 지 4년, 디살보의 『숨이 찬』을 처음 읽은 지 4년이 지났다. 이 글을 처음 썼을 때 나는 힐튼 알스의 책 『여자들』을 다시 읽고 있었는데, 이 책은 회고록, 소설, 이론을 동시에 아우르는 낯선 장르에 속해 있었다. 나에게 가장 도발적이라고 느껴졌던 것은 알스가 어머니와의 동일시를 비롯해 어머니의 경험이 자신의 경험으로 이어지는 복잡한 방식에 대해 이론화했다는 점이다. 모든 인간은 역사적으로 조건화된 과거와 함께 현재에서 살아가지만, 알스의 경험에서 내가 중요하게 여긴 것은 그의 어머니가 이러한 관계를 해석해야 한다고 여기는 아들을 이해했다는 점, 그리고 무엇보다도 해석의 조건과 도구가 필요하다는 것을 이해했다는 점이다. 그녀에게 이는 아들에게 읽을 소설과 글을 쓸 메모장을 제공한다는 것을 의미했다. 힐튼 알스는 다른 문학가들과 마찬가지로 언어를 통해 예술을 창조하면서 디살보가 제안한 "예술 작품은 인간의 고통에 대한 증언을 듣는 행위를 가능하게 한다"(1997: 78)라는 것을 배웠다. 그리고 여기에는 자신의 고통도 포함된다.

힐튼 알스와 루이즈 디살보는 전기, 문학 비평, 회고록을 집필한다. 테리는 생물학을 공부하고 시를 쓴다. 나의 어머니는 소설을 읽고 천식에 대해 연구한다. 나는 이론과 소설을 읽고 읽기에 대한 생각들을 만들어 낸다. 신기하게도 우리 모두는 이러한 예술적 생산과 표현 작업에 참여할 때 각자의 증상이 어느 정도 완화되는 것을 경험한다. 이때 증상은 천식일 수도 있고 아닐 수도 있다. 신체적으로 두드러지지 않기 때문에 더 해로운 증상도 있다.

교육과정에 대한 통상적 담론들은 일반적으로 우리가 생물학적이고 현상학적 존재라는 사실을 무시한다. 우리의 생물학적 신체가 우리가 학습하는 내용에 적응해야 한다는 사실을 간과한다. 또한 정체성이 관계적이며, 생물학적 신체와 인간이 만든 것, 그리고 언어를 포함한 다른 대상들에 의해 매개된다는 것을 잊는다. 중요한 배움은 해석하려는 노력에서 나온다는 것을 이해하기보다는 지식의 습득을 학습으로 착각한다. 예술 작품이 단순히 경험을 흥미롭게 표현하는 것만이 아니라는 사실을 기억하지 못한다. 수잔 랭어(Suzanne Langer, 1957)가 말한 바와 같이, 예술 작품은 기존에 형성된 것을 재구성하고, 확실성을 무너뜨리며, 문제를 일으킨다. 나와 내가 교류하는 예술가들은 예술 작품을 통해 생물학적인 것과 현상학적인 것 사이의 눈에 잘 띄지 않는 관계들이 한데 모일 수 있는 공간을 만들어 낸다. 소설을 쓰고, 그림을 그리고, 회고록을 쓰고, 에세이를 쓰는 것, 이 모든 것이 '문제를 일으키는 몸들'이 모여 해석의 작업을 할 수 있는 조건을 만들어 낸다.

1998년 1월, 온타리오주 토트넘. 일요일 저녁, 나는 어머니와 전화 통화를 하고 있다. 이러한 종류의 의사소통이 지닌 놀라운 점은 어머니가 숨을 쉬는 것을 숨기려 해도 내가 그 숨소리를 들을 수 있다는 것이다. 나는 어머니가 천식에 대해 지속적으로 연구하며 배우고 있는 것을 나와 공유하는 일을 중히 여긴다는 것을 알고 있다. 나도 새로운 치료법에 대해 들은 내용을 공유한다. 어머니는 저녁으로 양배추 롤을 만들었다고 말한다. 나는 치킨을 먹을 거라고 말한다. 그녀는 나의 일에 대해 묻고, 나는 그녀가 노동으로 해석할 법한 대답을 한다. 나는 우리가 서로에게 익숙하면서도 낯선 존재라는 것을 깨닫는다. 그녀는 1분 동안 기침을 한다. 그녀는 전화를 끊어야겠다고 말한다. 나는 그녀가 곧 책을 읽을 것임을 안다. 나는 내가 곧 글을 쓸 것임을 안다.

4장

주체가 되는 법 배우기

멤 폭스의 그림책 『할머니의 기억은 어디로 갔을까』(1984, 국:2009) 에서 네 살 윌프리드는 그의 친구인 아흔여섯 살 낸시 할머니가 기억을 잃어버렸다는 것을 알게 된다. 윌프리드는 이것이 무엇을 의미하는지 이해할 수 없었다. 그는 부모님과 낸시 할머니가 사는 요양원의 이웃들에게 기억에 대해 묻는다. 사람들은 윌프리드에게 각기 다른 대답을 한다. 어떤 사람은 기억이란 따뜻한 것이라고 말하고, 다른 이는 기억은 오래전 일을 말한다고 하며, 또 다른 사람들은 기억이 웃거나 울게 만드는 것이라고 하고, 또 어떤 이들은 금처럼 귀한 것이라고 말한다.

이 탐구를 통해 윌프리드는 기억을 간직하는 것이 중요하다는 것을 깨닫고, 낸시 할머니가 기억을 잃은 것에 대해 걱정하게 되었다. 윌프리드는 조개껍질 상자, 인형, 할아버지가 준 메달, 축구공, 따뜻하고 신선한 달걀 등 자신에게 의미 있는 물건을 수집해서 낸시 할머니를 돕기로 결심한다. 그는 이 물건들을 가져와 낸시 할머니에게 하나씩 건네준다. 물건들을 살펴보면서 낸시 할머니는 기억을 떠올리기 시작한다. 할머니는 어렸을 때 이모의 정원에서 발견한 푸른 반점이 있는 새의 알을 떠올린다. 그녀는 해변을 방문했던 기억도 떠올린다. 또 전쟁에 나갔다가 돌아오지 못한 큰오빠를 떠올리며 슬픔에 잠기기도 한다. 낸시 할머니는 기억을 찾은 듯했다.

윌프리드는 낸시 할머니에게서 이야기를 이끌어 낼 수 있는 물건들을 제시한다. 이는 자아의 경험을 구성하는 것이 무엇인지에 대한 통상적인 견해에 의문을 제기하는 정체성 이론과 연관된다. 데카르트의 유명한 격언인 "나는 생각한다, 고로 나는 존재한다Cogito ergo sum"라는 말로 대표되는 것처럼, 정체성은 태어날 때부터 내면 깊숙이 자리 잡고 있으며, 사회화 과정과 학습의 실천을 통해 발달한다고 생각되어 왔다. "진정한 나를 찾으라", "당신이 될 수 있는 모든 것이 되어라", "진정한 자아를 개발하라"와 같은 진부한 상투어들은 정체성에 대한 이러한 믿음이 성공한 인간을 설명하는 언어 속에 자리 잡고 있음을 보여준다.

그러나 인간은 자기 자신을 본질적인 존재로 경험하지 않는다. 정체성은 통상적으로 표현되는 방식처럼 실재로서 존재하는 것이 아니라, 기억이 예측된 맥락들과 교차할 때 발생한다. 기억된 과거와 예측된 미래 사이의 관계를 해석하는 데 '지금 이 순간'이 사용되기 때문에, 바로 지금의 나의 정체성을 정확히 규정할 수는 없다. 그렇기 때문에 기억 상실은 관계성을 저해하고 정체성에 대한 경험을 극적으로 약화시킨다. 낸시 할머니의 경우, 기억 상실은 그녀를 사회로부터 단절시킨다.

작가는 자세히 설명하지 않았지만, 윌프리드 이전의 다른 이들도 낸시 할머니가 기억을 되찾을 수 있도록 도와주려 했을 가능성이 높다. 아마도 가족과 친구들은 낸시 할머니의 기억을 자극하기 위해 함께 겪었던 사건들을 상기시켜 주려 했을 것이다. 어쩌면 이 과정을 돕기 위해 낯익은 물건을 가져왔을 수도 있다. 낸시 할머니에게 친숙한 노래를 불러주거나 좋아하는 시나 글을 낭송해 주었을 수도 있다. 그러나 그들이 이런 일을 했다 해도, 그것은 그리 성공적이지 않았던 듯하다. 오직 윌프리드만이 낸시 할머니가 과거와 재회할 수 있도록 도울 수 있었다. 윌프리드가 다른 사람들과 달랐던 것은 무엇일까?

낸시 할머니가 기억을 잃기 전 그녀와 윌프리드가 친구였다는 점에 유의할 필요가 있다. 평생을 알고 지내는 친척 관계와는 달리 우정은 더 의도적으로 형성된다. 낸시 할머니와 윌프리드가 서로에 대해 알아가기 위해서는 서로 다른 성장 과정을 이야기해야 했고, 무엇보다도 활동이나 관심사를 공유해야 했을 것이다.

특히 낸시 할머니의 기억을 되찾는 일을 돕고자 했을 때, 윌프리드가 **낸시 할머니의** 물건이 아닌 자신의 물건을 가져왔다는 것은 흥미롭고 의미 있는 지점이다. 낸시 할머니처럼 나이가 많은 사람과 윌프리드처럼 어린 사람의 관계에서는 서로가 소유한 물건을 살펴보는 데 상당한 시간을 할애해야 할 가능성이 높기 때문에 이것은 꽤 영리한 전략이다. 낸시 할머니가 윌프리드가 선택한 물건을 본 적이 없다 하더라도(아마도 주어진 정보로 볼 때 그런 것 같다) 과거에 이와 같은 '보여주고 말하기 show and tell' 활동에 참여한 적이 있을 가능성이 높다. 실제로 낸시 할머니는 윌프리드가 '가장 좋아하는 사람'이며, 윌프리드는 낸시 할머니에게 '자신의 모든 비밀을 털어놓았다'. 윌프리드는 낸시 할머니에게 자신이 가져온 물건들을 살펴봐 달라고 요청하면서 그녀를 익숙한 서사 구조 안으로 초대한다.

이러한 전략은 최근의 신경과학 연구에 의해 뒷받침된다. 연구 결과에 따르면 무언가를 기억하는 행위는 익숙한 서사 구조 안에 포함될 때 훨씬 더 잘 일어날 수 있다(Calvin, 1996; Damasio, 1994). 노래 가사를 단순히 암송할 때보다 멜로디에 담아 부르면 더 잘 기억되는 것과 마찬가지로, 세부적인 기억들은 이전에 그 기억과 관련된 사건 안에서 더 잘 나타나게 된다.

기억에 얽힌 사건에 관한 이 간략한 설명과 분석은 이전의 많은 이들이 설득력 있게 주장했던 바와 연관된다. 정체성은 발견되거나 미리 정해진 것이 아니라 만들어지는 것이다(Foucault, 1988; Kerby, 1991; Taylor, 1989). 정체성의 형성은 인간이 상호 관계를 발전시키기 위해 언어를 사용하는 방법을 배워온 방식과 관련이 있다. 또한 어느 정도는 아브람(Abram, 1996)이 "인간 너머의 세계more-than-human world"[1]라고 부르는 것과도 연관을 갖는다. 이러한 관점에서 볼 때, 낸시 할머니가 실제로 기억을 잃은 것이 아니라 현재의 경험과 과거의 기억을 연결하는 서사를 잃어버렸다고 말할 수도 있다.

개인이 어떻게 정체성을 갖게 되는가를 탐구하는 것은 인간이 어떻게 무언가를 학습하는가를 탐구하는 데 있어 매우 중요한 의미를 지닌다. 결국 인생에서 일어나는 가장 중요한 사건은 사회적·문화적·생태적 질서 속에서 자신의 위치에 대해 배우는 것이다. 이를 위해서는 특정한 '누군가'로 식별하고 식별될 수 있어야 한다. 이 과정에는 식별과 구별의 과정이 수반된다. 내가 '이 사람'

---

[1] 데이비드 아브람(David Abram)은 미국의 생태학자이다. "인간 너머의 세계"는 그의 저서 『감각의 주문: 인간 너머의 세계에서의 인식과 언어 *The Spell of the Sensuous: Perception and Language in a More-Than-Human world*』(1996)에 등장하는 문구로, 인간과 자연의 대립을 지양하면서 인간과 그 문화가 전체 세계 안에 둘러싸여 있다는 의미를 나타낸다. 이때 인간과 세계는 언어를 통해 상호 연결된다.

으로 식별되는 이유는 나 자신에게나 다른 사람들에게 '저 사람'과 확연히 구별되기 때문이다.

나의 지속적인 정체성은 나를 둘러싼 특정한 대상, 인물, 맥락, 관행, 서사를 통해 추적될 수 있다. 나의 자의식은 현재, 기억, 상상 속의 관계에 따라 달라진다. 일부는 사람들과의 관계이고, 일부는 다른 종(나의 개나 고양이들)과의 관계이다. 또는 내가 읽은 소설이나 회고록, 내가 보는 TV 쇼나 영화 속 인물들과의 관계이기도 하다.

자아 정체성이 현재 살아가고 있는 사람 및 사물과의 관계에서 나온다는 사실은 낸시 할머니가 기억을 잃은 이유를 이해하는 데 도움이 된다. 낸시 할머니는 집이나 살던 동네 등 과거의 친숙한 맥락에서 벗어났으며, 자기 가족 및 문화의 역사와 연결되는 일상적인 생활 습관으로부터 멀어졌을 가능성이 높다. 이러한 일상적 접촉이 없으면 중첩된 담론과 대화의 구조에 의해 구성된 자의식이 사라질 수 있다. 낸시 할머니는 실제로 '기억'을 잃었다기보다는 자신이 누구였는지에 대한 이야기를 잃어버렸던 것이다.

나는 이것이 노인들이 종종 집을 떠나 실버타운으로 이사하는 것을 두려워하는 이유 중 하나라고 생각한다. 익숙한 장소에서 익숙한 방식으로 정리된 소중한 물건과 매일 접촉하지 않으면 기억의 지형이 끊어지게 된다. 좋아하는 물건을 집에서 새로운 환경으로 옮기는 것은 그다지 도움이 되지 않는다. 중요한 것은 기억의 대상 그 자체만이 아니라 그것들이 공간과 시간 속에서 배치되는 방식이기 때문이다. 침실과 욕실 사이 복도에 걸려 있던 아이들의 사진이 의미를 가질 수 있는 것은 그것이 아이들이 더러운 손으로 쓰다듬거나, 크레파스로 그림을 그리거나, 연필로 해마다 키를 표시해 두던 벽에 걸려 있었기 때문이다. 기억의 표식은 물건 자체에 있는 것이 아니라 그 물건이 지형적으로 존재하는 방식에 남아 있다.

말기 투병기에 접어든 마지막 몇 주 동안, 어머니는 우리가 어머니의 회복을 기대하며 집을 수리하는 과정에서 물건들을 온통 뒤바꾸어 놓지 않을까 하고 걱정했다. "아무것도 옮기지 마라!" 어머니는 고집했다. "나는 모든 것이 그대로 유지되기를 원한다. 아무것도 버리지 마라." 우리는 어머니의 침실에 있는 수백 권의 먼지 쌓인 책들이 어머니의 건강에 해로울까 걱정했지만, 그 책들이 제자리에 놓여 있는 것 자체가 그녀의 경험에 대한 중요한 지형학적이고 역사적인 표식이라는 것을 또한 이해하고 있었다. 결국 어머니는 책들을 침실에서 거실의 새 책장으로 옮기는 데 동의했지만, 우리가 책을 버린 것은 아닌지 계속 걱정했고, 결국 우리가 사진을 가져와서 그 책들이 여전히 집에 있다는 것을 보여줄 때까지 걱정을 멈추지 않았다.

물론 친숙한 경험의 지형을 유지하는 것은 노인에게만 중요한 것은 아니다. 나는 이 책의 집필을 준비하면서 전국을 가로지르는 대대적인 이사로 인해 익숙한 작업 공간이 훼손되어 작업을 시작조차 할 수 없을까 봐 두려웠다. 나의 작업실과 창가 옆 독서용 소파에서 벗어나 내가 생각을 할 수 있을까? 시작을 위해서는 가능한 한 익숙한 생각의 공간을 만들어야 했다. 그래서 나는 집 내부를 이전의 집과 같은 색으로 칠했다. 이전의 내 작업실이 그랬듯이, 북쪽 방을 작업실로 골랐다. 창문 아래에 책상을 배치하고, 새로운 직장에서 제공해 주기로 한 새 컴퓨터의 구입을 미루었다. 파일과 책상을 내게 익숙한 방식으로 정리하고, 좋아하는 소설과 회고록, 이론서를 읽으면서 글을 쓰기 시작했다. 나는 새로운 것을 거부하고, 예전의 내 사고의 풍경을 재현하려고 고집스럽게 노력했다.

벽에 페인트를 칠하고 상자들의 포장을 풀고 나서, 나는 나에게 익숙한 글쓰기 의식을 시작했다. 이러한 의식에 대해 생각하면서, 나는 이 의식이 그 자체로 나의 작업을 정리할 뿐만 아니라 의미 있는 방식으로 내가 믿는 나 자신이 누구인지도 정리하는 서사 구조가 되었다는 것을 깨달았다. 자의식을 '잃어버리지' 않으려면 이러한 관습을 유지해야 하고, 나 자신과 타인에게 이를 설명할 수 있는 어휘를 찾을 수 있어야 한다.

정체성이 어떻게 형성되는지를 알면, 어떻게 변형되는지도 알 수 있다. 가령 내가 공립학교 교사로 일하던 시절, 사춘기 학생들을 분리하는 것이 때로 성공적이었던 이유에 대해 생각해 볼 수 있다. 물론 나는 이런 조치를 꺼렸지만, 어떤 학생들은 그들의 행동이 방해가 되기 때문에 교실의 다른 학생들과 분리되어야 할 때가 있었다. 심한 경우 이러한 학생들은 교내 정학 처분을 받기도 했는데, 정학 처분을 받은 학생들은 별도의 방에 격리되어 일상적인 학교의 사회적 활동에서 배제된 채 요구받은 과제를 수행해야 했다. 이 시스템은 징계받는 학생에게 안전한 장소를 유지하면서 교실의 혼란을 방지하기 위해 개발되었는데, 지금 생각해 보면 이 전략이 성공적이었던 이유는 학생이 자신의 정체성에 대한 감각에 혼란을 느끼기 시작하는 상황을 만들었기 때문이다. 고립된 학생은 친구들과 어울리고, 이야기를 나누고, 자신이 교실과 학교 문화 속에서 어떤 영향을 주고받는지 알아차릴 수 없게 되자 세계에서의 자신의 위치에 대한 불안감을 느끼기 시작했다. 교실에 다시 돌아온 대부분의 학생은 이러한 종류의 징계 조치에 별 영향을 받지 않았다는 것을 동료 학생들에게 과시하는 반항아 특유의 전형적인 허세를 보이면서도, 이전보다 훨씬 조심스러워 하는 모습을 보이기도 했다.

 내가 근무하던 학교의 많은 청소년들은 경험의 부족과 좁은 대인 관계로 인해 매우 고정된 자아상을 드러내었다. 때로 이러한 완고하고 융통성 없는 자아상은 근본주의적 신념을 엄격하게 따르는 가정 환경에서 나오기도 하고, 특정 집단에 참여하는 데 필요한 자질에 의해 협소하게 정의된 또래 관계로부터 나타나기도 한다. 개인의 정체성이 발달하는 데 가족도 중요한 영향을 미치지만, 해리스(Harris, 1998)는 특히 학교의 맥락에서 아이들이 또래 친구들과 겪는 동일시의 과정이 더 큰 영향을 미친다는 것을 설득력 있게 보여주었다.

대도시 환경에서 학교에 다닌다고 해서 정상적인 청소년이 되는 것에 관한 이야기가 더 커지거나 관대해지지는 않는다. 학교 공동체의 규모나 인구와 관계없이, 학교 안이나 학교와 연관된 집단 내에서 청소년 그룹에 특화된 이야기는 개별 청소년의 행동 규범과 자의식을 해석하는 방식을 협소하게 정의한다. 이러한 정보를 인식하면 교사가 학생의 행동을 변화시키려는 시도에서 종종 좌절하는 이유, 특히 언어적인 훈육이 의미 있는 활동이 되지 못하는 이유를 이해하는 데 도움이 될 수 있다.

중학교 교사 시절, 나는 학생들과 함께 소설을 읽음으로써 학교 교육과정에 기반한 세대 간 해석 작업이 가능하다는 것을 알게 되었다. 몇몇 동료들은 이러한 활동을 시간 낭비라고 여기면서 묵독을 과제로 제시하는 것을 선호했지만, 나는 함께 소리 내어 읽는 독서가 중요한 교육 기회들을 만들어 낸다는 것을 가르침의 과정을 통해 배웠다. 학생들에게 읽어준 소설 속의 인물과 상황에 대한 나의 반응을 학생들과 함께 소리 내어 생각해 봄으로써, 학생들이 아이디어를 발전시키는 데 참여하도록 유도할 수 있었다. 고정되고 확실한 아이디어만을 제시했던 학교에서의 경험들과 달리, 이러한 함께 읽기 활동은 아이디어와 정체성이 항상 진행 중이라는 것을 보여주었다.

문학 작품을 함께 읽는 것이 개인과 집단의 인식 및 해석을 바꿀 수 있다는 것은 새로운 사실이 아니다. 독자 반응 이론가와 문학 평론가들은 이러한 사실을 명확하게 보여주었다(Beach & Myers, 2001; Doll, 2000; Iser, 1978; Mackey, 1998). 더욱 놀라운 것은 함께 읽기 활동이 고정된 정체성 이야기를 가진 이들이 경계를 넘어 개인의 이야기를 수정하도록 도울 수 있다는 점이다.

윌프리드는 이를 직관적으로만 알 뿐 명시적으로는 알지 못했지만, 그가 낸시 할머니에게 가져갈 물건들을 수집한 것은 이런 종류의 이해 때문이었을 것이다. 낸시 할머니는 물건들을 살펴보고 사물과 기억 사이의 관계를 알아차리면서 실타래를 풀고, 윌프리드에게 자신의 이야기를 들려주기 시작했다. 하지만 이 이야기들이 낸시 할머니의 일대기를 정확하게 표현한 것인지, 낸시 할머니가 더 이상 기억 속에서 찾을 수 없는 것들을 대체하는 이야기를 만들어 낸 것인지 의문을 가질 수 있을 것이다.

나는 문학적 참여에 대한 오랜 연구를 통해, '진실'과 '허구'로 간주되는 것 사이의 경계가 정보를 생산하고 해석하는 과정, 특히 이러한 정보가 자신의 정체성에 대한 지식으로 표현될 때 매우 모호해진다는 사실을 알게 되었다. 예를 들어, 나는 내가 인식하는 자아의 어떤 부분이 인간과 직접 대면하는 과정에서 실제로 일어난 사건에 의해 발달했는지, 어떤 부분이 허구적 인물과의 동일시를 통해 발달했는지 정확하게 말할 수 없다. 내가 경험했지만 의식적으로 인지하지 못한 감각에 어떻게 영향을 받는지 역시 정확하게 말하기 어렵다. 또한 나 자신에 대해 의도적으로 만들어 낸 정보(다른 사람들에게 내 경험에 관해 이야기한 거짓말)가 어떻게 나 자신을 정의하고 다른 사람들이 나를 정의하는 방식에 통합되었는지도 확실히 말할 수 없다. 정체성에 대한 통상적인 이론들은 나의 자아가 사회적·문화적 세계와의 접촉에 의해 정교하게 다듬어진 나의 유전적 성향에서 나온다고 주장하지만, 이러한 자아 이론은 사실 방어되기 어렵다. 낸시 할머니의 '기억 서사'가 그녀의 역사를 정확하게 재현한 것인지, 아니면 대체로 꾸며낸 것인지는 그다지 중요하지 않다. 중요한 것은 낸시 할머니의 기억 서사가 **유용한지** 아닌지의 여부이다. 만약 이 이야기들이 그녀가 의미 있는 방식으로 다른 사람들과 관계 맺도록 돕고, 일관성 있고 적응력 있는 정체성을 갖기 위한 지속적인 작업을 **수행하도록** 돕는다면, 이 이야기들은 해야 할 일을 하고 있다고 말할 수 있다.

    교사를 양성하는 교육자로서 볼 때, 나의 학생들은 좋은 수업, 좋은 교사란 무엇인지 정의하는 데 몰두하고 있었다. 나는 학생들에게 좋은 교사란 자신이 가르치는 것에 대해 열정을 지닌 자라고 말하곤 하지만, 이는 별로 큰 도움이 되지 않는 듯하다. 많은 학생들은 좋은 수업이 강력한 관리 능력이나 학생들에 대한 무조건적인 사랑에서 나온다고 생각한다. 나는 그들을 설득하려 하기보다, 인간이 자아 정체성에 대한 감각을 갖추는 복잡한 방식과 우리 경험에서 나오는 구체적인 이야기들이 이러한 정체성에 어떤 영향을 미치는지 설명하는 것으로 대부분의 강의를 시작한다.

나는 보통 학생들에게 자신이 겪은 학습 경험에 대한 자전적 이야기를 쓰도록 하는 것으로 탐구를 시작한다. 학생들은 이 작업이 흥미롭지만 쉽지 않다고 생각한다. 많은 학생들은 어떻게 시작해야 할지를 잘 모른다. 그들은 "쓸 것이 너무 많아요!"라고 하면서 불평하기도 한다. 경험은 복잡하므로, 이를 설명하기 위해 어떤 단어를 사용할지 결정하기가 어렵다. 어떤 경험의 특정 국면을 서술하기로 결정한다는 것은 의도적으로 다른 것을 배제한다는 것을 뜻한다.

이것이 자서전 작가들이 자신의 작업을 어려워하는 이유 중 하나이다(DeSalvo, 1996; Grosskurth, 1999; Salvio, 1999). 우리 자신에 대해 쓰는 것보다 다른 사람에 대해 쓰는 것이 더 쉽다. 풀포드(Fulford, 1999)가 설명했듯이, 우리 자신에 대해 아는 것만큼 다른 사람의 경험에 대해 자세히 아는 것은 불가능하다. 그렇기 때문에 가십은 가해자에게는 매우 매력적이고, 피해자에게는 매우 괴로운 것이다. 가십꾼은 아주 작은 정보로 이야기를 만들어 내는 능력에 자부심을 느끼지만, 가십의 대상이 되는 사람들은 그 이야기가 조작된 것임을 경험하게 된다. 따라서 가십의 피해자들은 소문으로 드러나지 않은 자신의 경험에 대한 세부 사항을 알리려고 애쓴다. "그건 실제로 그런 식으로 일어난 게 아닙니다! 내가 그에게 내 마음을 전한 것은 맞지만, 그가 내게 한 말에 대한 응답으로 한 것 뿐이에요!"

가십은 실제 경험의 재현이라기보다는 의도적으로 형성되고 만들어진, 일어난 일과 느슨하게 연결된 앙상한 이야기일 뿐이다. 그러나 이러한 이야기는 분명한 경계와 명확한 형태(혹은 플롯)를 가지고 있어서 쉽게 기억되고 전달될 수 있는데, 바로 그 능력 덕분에 일정한 권위를 지닌다.

그러나 우리가 기억하는 경험의 충만함은 이러한 구조 안에 쉽게 담기지 않는다. 이는 영화 줄거리를 요약하거나 교통사고를 설명하는 등 우리에게 중요한 사건을 표현하려고 할 때마다 분명하게 드러난다. 어떤 세부 정보를 포함할지 결정할 때, 우리는 우리의 이야기에 포함되지 않은 모든 정보의 조각들을 인식하고 있다. 우리의 이야기 안팎에는 우리가 기억하지만 포함하지 않은 조각들이 떠다니고 있다(Grumet, 1988). 우리 이야기의 텍스트는 삭제된 부분들을 잊었을 때에만 '진실'로 보인다. 많은 사람들은 집을 떠난 후 그들의 부모와 더 긍정적인 관계를 맺게 된다. 그것은 다 자란 자식이 부모를 동등한 입장의 동료로 보기 시작해서이기도 하지만, 시간이 지남에 따라 과거 사건에 대한 수정된 이야기가 생성되어 현재의 관계가 더 부드러워지기 때문이기도 하다.

많은 학자들은 인간종을 다른 동물종과 구별하는 것은 언어 사용을 통해 공동체적 관계를 엮어내는 학습된 능력이라고 말하고 있다(Abram, 1996; Capra, 1996; Lakoff & Johnson, 1999). 이러한 연결 작업 외에도 인간의 언어는 스스로를 이해하도록 하는 기능을 하기도 한다. 우리는 언어를 사용하여 다른 사람이나 사물과 관계를 맺으면서 동시에 우리의 언어 사용을 해석하고 분석하기도 한다 (Harste, Woodward & Burke, 1984). 또한 언어를 표현하는 다양한 방법을 발명해 온 인류의 일원으로서, 우리는 인간의 마음이라 할 수 있는 것의 범위를 확장해 왔다. 가령 나의 일상생활을 보면, 인쇄된 텍스트, 컴퓨터 하드 드라이브의 메모리, 인터넷에서 제공되는 정보에 크게 의존하고 있다.

푸코(Foucault, 1988)가 보여주었듯이, 이러한 언어 및 문해 행위는 자아의 기술이 되었다. 여기서 '기술'의 사용은 인쇄기와 같은 기계 기술이나 컴퓨터와 같은 전자 기술뿐 아니라 인간의 의식을 형성하는 데 작용하는 일련의 문화적 행위와 과정을 광범위하게 지칭한다. 가령 인간이 공동체 내에서 관계를 통한 동일시를 발전시키고 형성하기 위한 방법으로 가십을 사용하는 것도 기술의 한 유형이다. 이메일과 웹 기반 채팅과 같은 디지털 도구는 가십과 같은 의사소통 행위가 경험을 형성하는 방식을 확대하고 더욱 복잡하게 만들었다. 더 널리 경험되는 또 다른 기술은 저녁 뉴스이다. 저녁 뉴스는 주목할 만한 세계의 사건이 무엇인지를 이해하는 데 크게 기여한다. 많은 사람들이 저녁 뉴스가 인터넷 채팅보다 더 권위 있다고 여기지만, 사실 두 가지 모두 쉽게 전달할 수 있는 작은 이야기를 만들기 위해 많은 양의 세부 사항을 버리는 유사한 관행을 통해 개발된다.

21세기의 인간을 당혹스럽게 하는 것은 우리 대부분이 자신의 정체성을 자신이 스스로 만든다는 통상적인 믿음을 가지고 있지만, 실제로는 그렇지 않다는 사실이다. 자신에 대한 풍문을 듣거나, 다른 사람이 쓴 자신의 성과에 대한 평가를 읽거나, 어린 시절의 어떤 사건에 대한 부모의 이야기를 들을 때마다 우리는 자신이 생각하는 자신의 정체성이 스스로 통제하지 못하는 경험과 그에 대한 서사에 의해 크게 영향을 받는다는 것을 깨닫게 된다.

그래서 나는 교사 양성 교육과정에서 학생들에게 자신이 겪은 학습 경험에 대한 작은 자서전을 쓰도록 하는 것이 중요하다고 생각한다. 이 활동은 경험이 어떤 언어로도 온전히 표현할 수 없을 만큼 복잡하다는 점을 이해하는 데 도움이 될 뿐만 아니라, 자신의 자아 정체성을 형성하는 기술 중의 하나로서 이야기를 의도적이고 명시적으로 만들 기회를 제공한다. 물론 이러한 이야기 쓰기는 단순히 자신의 정체성을 표현하는 행위 그 이상이며, 정체성을 창조하는 생산적인 행위이다.

몇 년 전, 나의 학생 중 한 명이 자신에게 실제로 일어나지 않은 경험을 '지어내서' 실제 있었던 일처럼 표현하면 어떻게 될지 물었다. 나의 대답은 그를 놀라게 했다. "내가 그걸 어떻게 알겠어요?" 자전적 이야기에서 중요한 것은 실제로 일어난 일을 정확하게 표현하는 것이 아니라, 쓰는 이가 기억하는 사건에 대한, 또는 사건의 세부 사항이 모호한 경우 쓰는 이가 그 사건을 **어떻게** 기억하고 해석하는지에 대한 합리적 설명을 제시하는 것이다.

자서전 쓰기는 학생들에게 너무 익숙해서 종종 눈에 띄지 않는 것을 명시적으로 표현할 기회를 제공한다. 과거에 일어난 사건의 모든 맥락적 세부 사항을 의식적으로 인지하거나 기억할 수 없기 때문에, 우리는 과거의 경험을 구체화하는 이미지와 이야기를 지속적으로 재창조한다. 그러므로 과거의 특정 사건을 정확히 같은 방식으로 기억하는 것은 불가능하다. 어떤 사건이 떠오를 때, 그 사건은 회상이 일어나는 현재 상황을 기반으로 하여 해석된다. 이러한 회상이 일어날 때, 가장 최근에 해석된 기억과 이전의 기억 사이에 어떤 일관성이 만들어져야 한다.

이러한 지속적인 해석 행위는 인간이 변화하는 상황 속에서도 일관된 개인적·집단적 정체성을 만들어 낼 수 있게 해준다. 플랙스(Flax, 1990)는 과거 경험에 대한 이야기를 지속적으로 수정하지 **못하면**, 다양한 형태의 신경증이나 정신병이 발생한다고 주장했다. 인간 주체가 건강하고 생산적인 방식으로 타인과의 관계를 계속 유지할 수 있으려면, 이해를 형성하는 새로운 맥락을 수용하기 위해 과거의 기억을 끊임없이 재해석해야 한다.

그래서 나는 학생들에게 자서전을 어떻게 쓸지 신중하게 선택하라고 조언한다. 자신의 과거에 대한 서술이 기억된 사건의 표현이든 발명된 사건의 표현이든 간에, 그것은 주체성을 지속적으로 발전시키는 데 영향을 미친다. 여기서 주체성subjectivity이라는 용어는 정체성identity과 동의어로 사용되지 않는다. 정체성이 자신과 타인을 구별할 수 있는 특정한 표상이라면, 주체성은 정체성을 갖는다는 것이 어떤 것인지에 대한 인식에 가깝다. 주체성은 내가 나의 세계의 주체이면서 동시에 다른 이들의 세계에 주체로 참여한다는 것을 아는 경험이다.

따라서 자서전을 쓴다는 것은 '주체를 변화시키는' 의도적인 행위이다. 그것은 특정한 경험을 선택하고 배열하는 이야기 기술narrative technology에 참여하는 것이다. 쓰는 이는 이러한 문해 행위에 참여하면서 자신에 대한 이야기와 다른 사람들이 인식하고 해석하는 이야기 모두에 영향을 미치기 시작한다. 인간의 정체성은 발견되거나 미리 정해져 있는 것이 아니라 끊임없이 발명되는 것인 듯하다.

그렇다고 해서 자아가 생물학이나 이데올로기, 생리학, 환경의 영향을 받지 않는다는 것은 아니다. 사실 정체성이 발명된다는 믿음은 명확히 생태학적 감수성에서 비롯된 것이다. 모든 동물종과 마찬가지로 인간은 생물학적·지리적 연결망으로 복잡하게 얽혀 있다. 인간이 결국 '언어'라고 이해하게 된 소리는 아마도 다른 종의 소리, 바람 소리, 물소리 등 인간이 내는 소리 외의 소리를 모방하고 이에 반응한 데서 기원했을 것이다(Abram, 1996).

문자 언어의 창안과 지속적인 개선은 지난 수천 년 동안 인간과 인간 능력의 진화를 가속화하는 데 기여했다. 진화 생물학과 신경과학의 최근 연구에 따르면(Brockman, 1995; Lewin, 1993), 언어의 사용은 사회 및 문화 구조를 변화시켰을 뿐만 아니라 인간의 뇌와 신경계가 구조화되는 방식에 근본적인 영향을 미쳤다. 잘 알려진 바와 같이(Calvin, 1996; Damasio, 1994; Pinker, 1997), 언어를 배우고 사용하는 것은 인간 두뇌의 초기 발달, 특히 뉴런과 뉴런 클러스터가 특정 영역에서 조밀하게 밀집되고 풍부하게 얽히는 방식에 기여한다.

언어를 배우고, 만들고, 사용하는 경험을 포함한 모든 경험은 생물학적 신체에 미묘한 흔적을 남긴다. 그런 점에서 '본성 대 양육' 논쟁은 너무 단순하다. 우리의 두뇌는 생물학적으로 미리 주어진 것이 아니며, 온전히 우리가 겪는 상황이나 경험에 의해서만 만들어지는 것도 아니다. 어떤 학습 행위는 뇌 구조에 영향을 미치며, 이렇게 **달라진 뇌**가 다음 학습에 참여하게 된다(Deacon, 1997; Dowling, 1998). 또한 각각의 '새로운 뇌'는 이전의 경험 및 상호작용의 역사를 갖고 있다. 인간종의 유전적 구성은 그 자체의 진화적 역사를 지니고 있다(Johnson, 1997; Maturana & Varela, 1987). 인간의 유전자 중 어떤 것은 각각의 새로운 인간 유기체마다 발현되는 데, 엄청난 양의 '불용 DNA'[2] 역시 여전히 남아 있다. 이것은 물갈퀴가 있는 발, 꼬리, 몸의 털 등 쓸모없어진 생물학적 형질의 흔적들이다. 단어들이 이전에 사용되었던 역사와의 연관성을 가지고 축적되는 것처럼, 우리의 유전자 코드도 알려지지 않은 가능성에 의해 짜인다.

생태학적 연구들은 인간의 환경 맥락에 대한 개입이 결코 긍정적이지 않다는 것을 보여주고 있다(Capra, 1996; Clark, 1996; Thompson, 1996). 인간이 자신이 살고 있는 환경에 영향을 미치는 것은 분명하지만, 환경이 인간의 생물학 및 생리적 특성에 영향을 미치기도 한다(Abram, 1996; Lewontin, 2000). 최근 핵 방사능과 화학적 오염 물질의 영향에 대한 관심이 높아지고 있다. 이제 역동적인 행성(지구)이 쉽게 '흡수'할 수 있는 수준을 넘어선 이런 종류의 사건들은 아주 미묘한 환경의 변화도 인간 유기체의 발달과 진화에 영향을 미친다는 사실을 상기시켜 준다.

생태계에 대한 인간의 개입이 미치는 영향에 대한 논의에서는 생태계를 구성하는 모든 요소가 서로 영향을 주고받는다는 사실을 빼놓을 수 없다. 생태학 연구는 생태계를 구성하는 개체뿐 아

---

2 불용 DNA란 유전체 DNA 안에서 어떤 유전 정보도 담당하고 있지 않은 것으로 여겨지는 부분을 말한다. 이 부분의 기능은 명확히 밝혀지지 않았는데, 이전에는 쓸모없는 부분으로 여겨졌지만, 최근의 연구 결과에서는 진화와 관련된 중요한 조절 기능을 담당하고 있는 것으로 논의되기도 한다.

니라 이들 간의 상호 관계에도 관심을 기울인다. 가르침과 배움의 과정을 연구하는 데 관심이 있는 사람들은 언어를 사용하는 행위 자체가 유기체의 지속적인 생물학적 발달과 진화에 어떻게 기여하는지를 탐구한다. 인간의 대뇌 피질에 대한 최근 연구에 따르면 (Kotulak, 1996; Norretranders, 1998), 언어의 사용과 문해 행위는 뇌의 여러 영역으로 혈액이 흐르는 방식을 변화시킨다. 더 분명한 사실은, 이러한 행위가 인체의 하위 시스템 간의 관계를 변화시킨다는 것이다.

이러한 통찰을 통해 나는 학술적 글쓰기의 생산성을 높이기 위해 특정한 환경 조건을 갖추는 것이 왜 중요한지 이해하게 되었다. 작가로서의 작업이 컴퓨터의 사용과 함께 시작되었기 때문에 나는 키보드와 모니터 없이는 창의적인 작업을 할 수 없다. 대학 시절에는 전적으로 펜과 종이로 글을 썼지만(타자기는 최종본을 쓸 때만 사용했다), 현재는 이런 방식으로 작업하지 않는다. 요즘 나는 책을 읽으면서 적어둔 간단한 메모들을 컴퓨터를 사용해 창작 작업에 반영한다. 또한 어치(까마귀과에 속하는 새)가 다람쥐를 놀리는 모습을 볼 수 있어야 하므로 창문이 필요하다. 책상 위에는 나의 생각을 뒷받침해 줄 책이 쌓여 있다. 또한 책상 아래 바닥에 웅크리고 있는 개 한 마리가 이 글은 세상의 전부가 아니라 일부일 뿐이라는 사실을 규칙적으로 상기시켜 준다.

모든 인간과 마찬가지로, 나 역시 일관된 자아 정체성을 유지하기 위해 몇 개의 사물과 이야기 도구, 지속적으로 업데이트되는 어휘가 필요하다. 그리고 나는 무엇보다 창조적인 프로젝트들이 필요하다. 내가 문학적 참여 연구에 관심을 갖게 된 데에는, 나 자신의 통찰에 대해 글을 써야 하는 직업을 선택했다는 점도 한몫했다. 돌(Doll, 2000)과 리처드슨(Richardson, 1997)이 말했듯이, 글쓰기를 해석의 실천으로 선택한 많은 사람들처럼, 나도 글쓰기란 단순히 생각이 끝난 후에 요약하는 행위가 아니라, 그 자체가 사고의 방식이자 사고의 과정이라는 사실을 배웠다.

물론 모든 사람이 사고와 해석을 위한 방법으로 글쓰기를 사용할 필요는 없다. 나의 동료와 학생들 중에는 수학적 기호 체계와 표현 형식을 사용해서 현상과 사유를 해석하는 수학자가 있다. 이들은 단순히 수학을 배우거나 수학을 통해 세계를 표현하고 상징화하는 데 그치지 않는다. 이들은 새롭고 흥미로운 방식으로 경험의 세계를 인식하는 법을 배우기 위해 수학을 사용한다.

정원 가꾸기, 퀼트, 요리, 음악이나 그림 그리기, 개나 말 키우기 등 다양한 해석 활동을 하는 이들도 있다. 다시 말하지만, 이러한 활동이 **그 자체로** 해석적 통찰력의 개발을 보장하지는 않는다. 이러한 활동은 인간이 자기 정체성을 유지하기 위해 다른 인간 및 인간 너머의 세계와 필요한 관계를 형성하는 장소가 될 뿐이다. 이것이 마사 스튜어트의 TV 쇼가 많은 시청자를 끌어들인 이유일 것이다.[3] 대부분의 시청자는 골동품 리넨을 수집하거나 이국적인 요리를 만들거나 손글씨를 배우는 데 몇 시간씩 투자하지 않지만, 사람들이 이런 창조적인 행위에 대해 마사와 이야기하는 것을 보며 흥미를 느낀다. 간접적 참여를 통해 시청자들은 그들이 흥미로운 이유가 바로 TV 속 인물들이 하는, 그들을 흥미롭게 만드는 행동이라는 점을 알아차리기 시작한다.

학생들과 함께 그들의 학습 경험에 대한 자서전을 해석하고 인간 학습의 복잡성에 대해 알아가면서, 나와 나의 학생들은 좋은 가르침이 단순히 훌륭한 관리 기술, 학생에 대한 사랑, 잘 조직된 구조를 의미하는 것이 아님을 이해하기 시작한다. 실제로 학생들이 언제 심도 깊은 학습을 하게 되었는가에 대해 언급하는 이야기 중 상당수는 이러한 '규칙'의 위반 가능성을 보여주고 있다. 다만 반드시 갖추어야 할 것은, **학습한 내용**이 **자신의 정체성**과 어떻게 복잡하게 결합하는지, 그리고 개인적 역사가 개인과 새로운 학습이 상호작용하는 방식에 어떤 영향을 미치는지에 대한 상세한 이해이다. 가장 훌륭한 교사는 자신이 가르치는 내용에 대한 깊은 관심을 갖고 있는 사람이다. 그러나 교사의 개인적인 관심사에 학생들 역시 관심을 가질 것이라는 보장은 없다. 학생들은 처음에는 특정 주제에 대한 교사의 열정에 끌리는 경우가 많지만, 시간

---

3   마사 스튜어트는 1990년대 미국에서 '살림의 여왕'이라 불리며 영향력을 발휘한 인물이다. 그의 TV 쇼는 요리와 살림, 정원 가꾸기 등을 소재로 한 토크쇼로, 2005년부터 2012년까지 방영되며 큰 인기를 누렸다.

이 지남에 따라 새로운 학습이 자기 자신을 인식하는 방식을 어떻게 변화시키는지를 알아차리는 데 도움이 되는 해석적 프로젝트를 필요로 하게 된다.

　이러한 분석을 통해 우리는 윌프리드가 낸시 할머니가 살펴볼 수 있도록 물건들을 가져다주고 공동의 해석 프로젝트에 참여할 수 있는 여건을 조성함으로써, 낸시 할머니의 **기억을 되살리는 데** 그치지 않고 기억에 대한 새로운 이해를 **만들어 낼 수 있었음**을 알게 된다. 낸시 할머니의 가족이나 의료진이 요구했을 '기억하기' 교육은 **낸시 할머니가 이전에 기억했던 것**을 그대로 기억하는가에만 관심이 있었을 것이다. 이와 달리 윌프리드는 낸시 할머니와의 해석 프로젝트를 통해 우정을 이어갈 수 있기를 바랄 뿐이다. 그렇게 함으로써 윌프리드는 나와 내 동료들이 '제약 해방하기liberating constraint'라고 부르는, 구체적이면서도 유희적으로 개방적인 교육 구조를 만들 수 있었다(Davis, Sumara & Luce-Kapler, 2000). 이 흥미롭고 구체적이며 즐거운 해석의 구조 안에서 낸시 할머니는 새로운 관심 대상을 중심으로 기억의 파편들을 조합할 수 있다. 이것은 낸시 할머니와 윌프리드와의 관계라는 익숙한 서사 구조가 이미 구축되어 있기에 가능해진다. 이는 지식과 인간의 정체성이 지속적으로 서로를 구체화한다는 것을 인정한다는 점에서 매우 훌륭한 교육법이라고 여겨진다.

　윌프리드가 창조한 교육방법론과 나의 학생들이 자서전 작업을 통해 교육적 정체성을 '발명'하는 것은 모두 흥미로운 문학적 참여의 한 형태이다. 참여의 도구와 기술은 내가 다른 장에서 논의했던 일반적인 인쇄물 소설과 다르지만, 학생들이 일상에서 흔히 접하지 않는 대상과 그 대상이 불러일으키는 이야기에 대한 동일시를 요구한다는 점에서 현상학적으로 유사하다. 낸시 할머니에게 대상은 윌프리드가 제공한 것이고, 기술은 이 대상을 중심으로 '기억한' 해석된 이야기를 만들 기회이다. 내가 가르치는 예비 교사 학생들에게 대상은 교사 양성 교육과정과 나란히 놓인 자신만의 교육에 대한 기억이며, 기술은 레이들로(Laidlaw, 2001)가 '이야기 장면narrative tableaux'이라고 부르는, 해석된 기억의 창을 나타내는 '글로 쓰인 스냅샷written snapshot'을 생성하는 것이다.

  두 경우 모두에서 참여자들은 해석 행위를 통해 인간의 정체성이 미리 정해져 있는 것이라거나 발견되는 것이 아님을 알게 된다. 가십을 만들든, 과거의 경험을 이야기하든, 문학 속 인물과 동일시하든, 우리는 항상 기억과 현재의 경험, 상상 사이에서 새로운 관계를 발명하는 과정에 있다.

5장

정체성 해석하기 2:
모든 순간은 두 개의 순간이다

이 장에서는 앤 마이클스의 소설 『흩어지는 조각들』을 읽으며 느낀 점을 서술한 경험 기술적 텍스트를 제시한다. 이러한 문학적 경험은 역사, 기억, 문화, 지리, 언어, 정체성 간의 관계를 해석하는 데 관련된 역사적·철학적·이론적 문헌들과 함께 제시된다. 이러한 텍스트와 함께 개인적 사물들을 탐색하고 인간의 정체성이 문화적 산물에 의해 어떻게 구성되는지, 그리고 이러한 것들이 창발적인 문화적 지식과 관련하여 이해될 때 어떻게 새로운 의미를 갖게 되는지를 분석했다(Morris, 2001).

나의 해석이 가능한 한 풍부한 질감을 유지할 수 있도록 문학 작품, 자전적 서사, 이론 및 철학 텍스트에서 발췌하고 해석한 텍스트를 함께 제시하고자 한다. 이 글은 알버만과 흐루비(Alvermann and Hruby, 2000), 루스 캐플러(Luce-Kapler, 2000)의 최근 연구를 따라, 인간 경험에 대한 연구로부터 나온 통찰을 글로 표현하는 한 가지 방법을 보여준다. 경험 기술적 텍스트에 이어, 나는 독자의 반응 방법과 표현 활동을 개발하는 데 도움을 준 영향들을 검토할 것이다.

1. 역사와 기억

아토스는 말했다. "자신을 구원하기 위해 글을 쓰거라. 그리고 언젠가는 네가 구원받았기 때문에 글을 쓰게 될 것이다"(Michaels, 1996: 165).

앤 마이클스는 호평을 받은 그의 소설 『흩어지는 조각들』에서 역사와 기억이 촘촘히 엮여 있음을 말한다. 등장인물인 야콥 비어는 홀로코스트에서 살아남은 어린이로, 고고학자 아토스 루소스의 도움으로 폴란드에서 그리스로 밀입국한다. 그리스의 작은 섬 자킨토스에서 야콥은 새로운 언어로 기억하는 법을 배우면서 자아를 변화시킨다. 전쟁이 끝나고 아토스와 함께 캐나다 토론토로 여행하면서 그는 다시 한번 자아를 변화시킨다. 공간이 바뀔 때마다 야콥은 자신의 현재 상황을 해석해야 할 뿐 아니라 자신의 역사를 재해석해야 한다. 결국 그는 역사와 기억이 동일하지 않다는 것을 알게 된다.

역사는 비도덕적이다. 사건들은 그저 일어난다. 그러나 기억은 도덕적이다. 우리가 의식적으로 기억하는 것은 우리의 양심이 기억하는 것이다(Michaels, 1996: 138).

야콥에게 있어 역사와 기억 간의 관계는 시인으로서 그가 하는 작업에서 핵심적인 것이 된다. 홀로코스트 이후의 시대를 살아가는 많은 사람들과 마찬가지로 야콥은 정체성의 역설, 즉 실재하는 인식 혹은 이미지와 상상된 것들을 동시에 경험하는 것에 관해 고민한다. 야콥에게 있어 역사적 이미지와 상상된 이미지는 가족의 죽음을 목격한 트라우마적 기억의 영향을 받는다. 이 기억은 그가 성인이 된 후에도 계속해서 그의 경험에 영향을 미친다.

　야콥을 돌보는 아토스는 트라우마의 역사가 이를 겪은 이의 몸에 깊이 새겨지지만, 한편 그것이 결코 고정된 것은 아니라는 점을 알고 있다. 자킨토스와 토론토에서 수년간 함께 지내는 동안, 아토스는 변화에 대한 지리적 이야기를 들려준다. 그의 논지는 매우 단순하다. 지질학적인 형태가 역사를 드러내는 방식과 똑같이 인간의 몸도 그렇게 한다는 것이다.

현재는 풍경과 마찬가지로 신비로운 서사의 작은 일부일 뿐이다. 재난과 느린 축적들이 만들어 내는 서사. 살아남은 각각의 생명 하나하나. 다음 세대에 다시 발현될 유전적 특징들(Michaels, 1996: 48).

아토스는 고대 목재 도시였던 비스쿠핀의 늪지대에 숨어 있던 일곱 살 야콥을 발견한다. 아토스는 고고학 발굴지에서 연구를 진행하던 중이었다. 그러나 이 연구 현장은 오래 지속되지 못했다. 나치는 폴란드를 점령한 직후 이 발굴된 도시를 다시 묻어버렸다. 독일 민족의 우월성에 대해 그들이 만들어 낸 역사적 이야기를 유지하기 위해 선진적인 비독일권 문명에 대한 모든 증거를 파괴하고자 했던 듯하다. 그리하여 비스쿠핀의 유물들은 박살 났고, 목재 도시는 파묻혔다. 그러나 잊히지는 않았다. 비스쿠핀은 야콥과 아토스가 이 역사적 시간과 장소와의 관계에 대해 쓴 고고학적·시적 이야기 속에 계속 존재하고 있다. 각각의 해석은 트라우마가 된 사건들이 일상의 작고 사소한 사건들과 복잡하게 연결되는 방식을 보여준다. 마이클스가 소설에서 보여주듯이, 고고학자, 번역가, 시인의 해석 행위는 역사적 문제를 해결하거나 현재를 단순한 용어로 설명하기 위한 것이 아니라 역사와 기억의 관계에 대한 어려운 질문을 제기하기 위한 것이다.

역사와 기억은 사건을 공유한다. 즉 시간과 공간을 공유한다(Michaels,

1996:138).

모든 순간은 두 개의 순간이다. 각각의 발화 행위와 각각의 사건(눈에 띄든 그렇지 않든)은 역사와 기억이 합쳐진 결과물이다. 어떤 순간을 해석하고 이론화하는 것은 주목할 만한 또 다른 순간이다. 가다머(1990)는 이러한 활동을 해석학적 순환이라 부르는데, 이는 새롭게 해석되는 것이 이미 해석된 것에 의존하면서 동시에 그 자체의 사고와 산물의 토대에 영향을 미치는 방식을 말한다. 역사와 기억이라는 두 순간이 존재한다고 말할 수 있지만, 그들은 하나로 존재하며, 그들이 인간 사고의 진화에 기여하는 과정에서 불완전한 방식으로 포착될 수 있을 뿐이다.

1996년 출간 이래 나는 『흩어지는 조각들』을 여섯 번이나 읽었다. 나의 습관대로, 나는 각각의 독서에 대한 반응을 텍스트에 연필로 기록했다. 마이클 온다치의 『잉글리시 페이션트』 주인공처럼, 나는 『흩어지는 조각들』에 대한 나의 커먼플레이스 북을 만들었다. 우리 세대의 많은 사람들, 특히 이민자의 자녀들이 그렇듯이, 나는 내 경험과 나의 부모님의 경험 사이의 관계를 해석해야 한다고 느낀다. 앤 마이클스의 소설을 읽고 그녀의 인터뷰를 들으면서, 나는 그녀도 같은 일을 하려고 한다는 것을 알았다.

철학적 탐구에 종사하는 이들이 지적 작업물을 만들기 위해 문학과의 동일시를 필요로 한다는 것은 놀라운 일이 아니다(DeSalvo,

1996; Richardson, 1997; Salvio, 1995). 문학 작품은 사상을 전달하고 논증하기 위해 쓰인 책에서는 불가능한 사고와 해석의 조건을 제공할 수 있다. 로티(1989: 94)는 다음과 같이 말한다.

이론을 사회적인 희망과 연관시키는 일은 개별적이고 특수한 것에 대한 묘사를 전문으로 하는 분야에 할당된다. 특히 소설과 민족지학은 우리의 언어를 구사하지 못하는 이들의 고통에 민감하게 반응하는 분야로, 이들은 공통의 본성이 있다는 것을 증명하는 역할을 감당해야 한다. 연대는 기다리고 있다가 발견되는 것이 아니라, 우리 모두가 듣고 인식할 수 있는 공통어의 형태로서, 작은 조각들로 구성되어야 한다.

문학적 동일시로부터 얻는 즐거움과 문제는 삶의 경험이 그러한 경험을 구성하는 상황에 따라 달라진다는 사실을 떠올리게 한다. 예를 들어, 야콥 비어를 알게 되면서 나는 지속적인 성장을 위해서는 새로운 상황이 발생할 때마다 적응할 수 있어야 한다는 것을 이해하게 되었다. 새로운 상황은 예측할 수 없지만, 항상 그에게 영향을 미친다. 아토스와의 만남은 야콥에게 새로운 나라, 새로운 언어, 새로운 기회라는 가능성의 세계를 열어준다. 언어와 지역이 바뀌면서 야콥은 자신의 개인적인 과거와 조상의 과거에 대한 이해를 재편해야 한다. 소설 속 인물들의 삶을 창조하는 과정을 통해 변화하는 소설가 자신처럼, 이 소설의 등장인물들은 자신의 정체성을 발명하는 지속적인 작업에 참여하고 있다. 자아 정체성의 경험을 구성하는 것은 기억된, 현재 지각된, 그리고 상상된 조각들 사이에서 해석 관계를 만들어 내는 과정이다.

아토스는 고고학자이자 역사가로서 과거와 현재, 그리고 상상된 미래를 화해시키는 작업을 지속적으로 수행한다. 나치의 유적지와 유물 파괴에 대한 비판적 역사서인 그의 주요 저서 『거짓 증언하기』는 그가 살아온 경험의 모순되고 시간상 뚜렷이 구분되는 측면을 해석하는 데 도움을 준다. 아토스는 야콥이 해석적으로 살아가려면 새로운 어휘를 배워야 할 뿐 아니라 과거의 어휘도 기억해야 한다는 것을 깨닫는다.

아토스는 내가 잊지 않기를 바랐다. 그는 나에게 히브리어 알파벳을 복습하게 했다. "네가 기억하고 있는 것은 너의 미래다!" 그는 매일 이 말을 반복했다(Michaels, 1996: 21).

결국 야콥은 시 쓰기를 통해 역사와 개인적·문화적 기억 간의 관계를 이해할 수 있게 된다. 오래된 아이디어와 이미지를 시로 묘사하는 새로운 방식을 창안함으로써 로티(1989)가 "마지막 어휘"[1]라고 부른 것에 계속 도전한다. 그러면서 야콥은 자신을 위한 더 흥미로운 주체성을 창조하는 동시에 독자 역시 그렇게 할 수 있도록 돕는 새로운 문화적 산물을 창조한다.

이것은 내가 문학 작품, 특히 좋아하는 소설을 접하는 방식이기도 하다. 『흩어지는 조각들』을 계속해서 다시 읽는 것은 특히 더 생산적이었는데, 소설 속 등장인물들과 그 인물들이 수행하는 문화적·역사적 해석 작업이 나의 작업과 유사하다고 느꼈기 때문이다. 작가와 직접 만나 대화한 적은 없지만, 작가가 창조해 내고 내가 동일시한 작품 속 인물들과의 관계를 통해 나는 우리 두 사람이 홀로코스트 시대 이후를 산다는 것이 무엇을 의미하는지 이해하는 데 필요한 문화적 작업을 하고 있다고 느낀다. 이러한 문학적 공통 공간은 역사와 기억, 특히 우리 세대와 부모님 세대 사이에 필요한 관계를 형성하는 데 도움을 주고, 또한 나의 유목민적 기질을 생산적인 방식으로 조명해 주기도 했다.

2. 언어와 지리

지구가 눈에 보이지 않게 대격변을 준비하듯이, 역사도 점진적인 순간이다(Michaels, 1996: 77).

지난 20년 동안 나는 여러 번 이주를 했고, 네 개의 도시에서 살았

---

1   "마지막 어휘 final vocabulary"는 로티의 용어로, 사람들이 그들의 행위, 신념, 일생을 정당화하기 위해 선택하는 단어를 말한다.

다. 이주에 능숙해졌다고 생각하지만, 이주할 때마다 여전히 상실감을 느낀다. 새로운 도시에 빠르게 적응하는 법을 배웠지만, 그 도시를 깊이 알게 된 것 같지는 않다.

어떤 풍경을 잘 알게 되면, 모든 다른 풍경들을 다르게 볼 수 있단다. 어떤 장소를 사랑하는 법을 배우면, 다른 장소를 사랑하는 법도 배울 수 있지(Michaels, 1996: 82).

물론 장소는 지리 그 이상의 것이다. 장소감에는 인간의 경험을 구성하는 생생한 기억과 이야기가 포함된다. 장소에 대해 이야기한다는 것은 인간의 주체성에 대해 이야기하는 것이기도 하다. 그렇기 때문에 나는 이주가 임박할 때마다 느끼는 나의 상실감이 집을 떠나는 것 자체보다는 떠남이 가리키는 것, 즉 개인과 조상의 과거를 형상화할 수 있는 어휘에 대한 갈망과 더 관련이 있다고 생각한다.

주체가 되는 경험은 가족과 문화의 역사라는 살아 있고 상상된 언어와 밀접하게 관련되어 있다. 인간의 주체성은 언어, 지리, 역사, 기억이 축적되어 '나', '너', '우리', '그들'로 식별되는 과정을 통해 형성된다. 어떤 장소를 사랑하는 법을 배우는 것은 역사적으로 중요한 순간에 개입하는 것을 사랑하는 법에 대해 배우는 것과 같다.

현재는 풍경과 마찬가지로 신비로운 서사의 작은 일부일 뿐이다. 재난과 느린 축적들이 만들어 내는 서사(Michaels, 1996: 48).

떠돌며 살아가는 유목민적 존재 역시 지속적인 정체성을 만들어 낼 방법을 찾아야 한다. 많은 학자들이 그렇듯이, 나도 책과의 관계, 그리고 수년 동안 알게 된 사람들과의 관계를 통해 나의 정체성을 만들어 왔다. 우리는 서로의 작품을 읽고, 디지털로 소통하고, 학술대회에서 만나기도 한다. 이러한 관계는 지속적으로 이루어지면서 생산적인 통찰력을 만들어 낸다. 디지털 혹은 활자에 의한 만남, 그리고 물리적인 만남을 통해 나는 특정한 생각을 몇 개월 혹은 몇 년에 걸쳐 유지할 수 있다. 나의 생각이 어떻게 계속 발전해 가는지에 주목하기 위해 내 작품을 다시 읽으며 다른 이들과의 과거 관계와 그들의 생각들을 떠올리기도 한다. 또한 글을 쓸 당시 내가 어떤 사람이라고 생각했는지를 떠올리고, 나라는 사람이 어떻게 변모해 갔는지 알게 되는 흥미로운 활동으로서 나의 작품을 다시 읽기도 한다.

우리가 외면했던 기억은 그림자처럼 우리를 따라잡아 덮쳐온다. 진실은 생각의 한가운데에, 렌즈 위의 머리카락처럼 갑자기 나타난다 (Michaels, 1996: 213).

다시 읽기를 통한 이러한 주체성의 역사적 추적은 내가 여러 번 이주하는 동안 가지고 다녔던 개인적 물품들을 이따금 뒤적이는 것과 다르지 않다. 이전에 이 물품들은 주로 사진과 편지, 어린 시절의 보물, 초등학교 4학년 때 배웠던 리코더, 성적표 등 나 자신의 경험을 드러내는 물건들로만 구성되었다. 최근에는 여기에 어머니의 수집품이 추가되었다. 어머니가 제2차 세계대전 전후 독일에서 다녔던 사립학교의 성적표, 생물학적 아버지와의 결혼 증명서(1948년 6월 21일자), 어머니와 아버지가 1953년 구입한 집의 토지 증서, 초등학교와 고등학교 시절 나의 성적표, 신문 스크랩, 1940년 폴란드인 아버지의 독일 여권, 열여섯 살 때 나치 청년단 제복을 입은 어머니의 사진 등이 그것이다.

> 우리는 죽은 이가 소유했던 물건들과 기이한 관계를 맺고 있다. 그 물건들의 원자 하나하나에, 그들의 손길이 여전히 남아 있기 때문이다 (Michaels, 1996: 265).

어머니의 유품을 정리하면서, 나는 내가 다른 누군가의 역사 속으로 경계를 넘어 들어서고 있다는 것을 깨달았다. 나는 여러 해 동안 수백 번이나 펼쳐지고 접힌 문서들을 살펴본다. 손수건, 깊은 코트 주머니, 이튼 백화점에서 보낸 토요일 오후와 관련된 기억의 주름이 향기의 흔적과 함께 접혀 있다. 어머니의 유품과 나의 물건들이 나란히 놓이면서 흥미로운 해석의 가능성을 만들어 낸다. 어머니의 열여섯 살 때 사진과 나의 사진에서 무엇을 말할 수 있을까? 맑은 피부, 빛나는 눈, 반쯤 웃고 있는 두 사람의 얼굴은 다른 이들이 보기에는 형제자매처럼 보일 수 있다.

> 우리는 사진이 과거를 포착한 것이라 생각한다. 하지만 어떤 사진은 DNA와 같아서 그 안에서 우리의 미래 전체를 읽을 수 있다(Michaels, 1996: 252).

메를로 퐁티(1962)에 의하면 인간은 생물학적이면서 동시에 현상학석 존재이나. 인간의 정체성은 생리적 구조와 문화적 조직에 의해 구성된다. 최근의 신경과학 연구에 따르면 인간의 생물학적 체계는 경험에 의해 만들어진다(Deacon, 1997; Johnson, 1997). 복잡성 이론에 대한 연구(Capra, 1996; Cohen & Stewart, 1994)는 인간의 신체가 지리적·기상학적·경제적·정치적·사회적 시스템과 어떻게 공진화하는지를 보여주면서 이 개념을 확장했다. 이러한 지식은 인문과학 연구의 탐구가 단지 인간이 세상에 참여하는 성격, 대상, 맥락 또는 역사를 조사하는 데 국한되어서는 안 된다는 것을 이해하도록 도왔다. 인문과학 연구는 이들 사이의 관계를 해석하는 데에도 관심을 가져야 한다.

역사의 지도에서 얼룩은 아마도 기억일 것이다(Michaels, 1996: 137).

새롭게 확장된 나의 수집품들을 연구하면서 나는 이 사물들이 서로 어떤 관계에 있는지, 특히 지리, 기억, 언어, 그리고 정체성에 대한 물음을 어떻게 제기하는지 깊이 생각하게 된다. 특히 이 물건들은 제2차 세계대전 이후 유럽에서 캐나다로 이주한 부모님과 나의 관계, 그리고 그들의 경험 맥락이 나와 맺는 관계를 더 총체적으로 해석하길 요구하고 있다. 이는 사건들과 그 사건들에 대한 해석이 나 자신의 주체성을 형성하는 데 어떤 영향을 미쳤는가를 탐구하는 일이다.

전기biography를 믿지 말라. 한 사람의 삶에는 눈에 보이지 않는 사건들이 너무나 많다(Michaels, 1996: 141).

수잔 그리핀(Susan Griffin)은 『돌들의 합창: 전쟁의 사생활A Chorus of Stones; The Private Life of War』(1992)에서 홀로코스트와 관련된 인물 및 사건들과 함께 핵폭발에 대한 자전적 이야기와 역사적 설명을 겹쳐 서술한다. 그녀의 논지는 알려지지 않은 경험들이 계속해서 영향을 미친다는 것이다. 가령 알코올 중독과 근친상간에 대한 가족의 비밀은 결코 공개되지 않는다 해도, 개인의 정체성 및 집단의 관계를 형성하는 데 중요한 역할을 한다. 히로시마의 핵폭발이나 제2차 세계대전 중 자행된 수백만 명의 유대인 학살 같은 트라우마의 알려지지 않은 세부 사항들은 계속해서 역사적 해석과 기억을 형성하고 있다.

그리핀의 해석과 비교하면, 내가 가족에 대해 알고 있는 지식의 공백은 놀라울 정도이다. 나는 어머니의 가족에 대해 아는 것이 거의 없고, 생물학적 아버지의 가족에 대해서는 거의 알지 못한다. 내가 어머니의 가족에 대해 알고 있는 대부분은, 어머니가 여러 해에 걸쳐 반복적으로 들려주신 개요 수준의 짧은 이야기들에서 얻은 것이다.

가족과 문화 이야기에 무지한 것은 나 혼자만이 아니다. 우리 세대의 많은 캐나다인과 미국인의 직계 조상들은 제2차 세계대전과 그 이후 유럽에서 일어난 사건들과 연결되어 있다. 나의 어린 시절 친구 중 상당수는 독일, 폴란드, 네덜란드, 러시아, 이탈리아 부모의 후손이었다. 내 친구들의 부모님은 대부분 집에서 모국어를 사용했지만, 나의 부모님은 그렇지 않았다. 모국어가 서로 달랐기에, 그들은 결혼 후 함께 배운 제2의 언어인 영어를 사용했다. 하지만 그것은 영어라기보다는 독일어와 폴란드어의 감성과 억양에 의해 형성된 어떤 것이었다. 다른 어떤 변화보다도, 부모님께 언어의 변화는 주체성의 근본적인 전환을 요구했다. 거다 러너(Gerda Lerner, 1997: 39)는 다음과 같이 말한다.

언어를 잃으면 무의식의 소리, 리듬, 형태를 잃게 된다. 깊은 기억, 울림, 어린 시절의 소리는 모국어를 통해 전해지는데, 이것이 사라지면 뇌는 연결을 끊어버린다.

나의 어머니는 첫 번째 남편과 결혼한 지 일 년 후인 1949년에 독일을 떠났다. 그는 제2차 세계대전 직후 고향 마을에서 일하던 폴란드 군인이었다. 당시, 어머니의 말에 따르면 독일인이 다른 국적의 사람과 결혼하는 것은 사회적으로 환영받지 못하는 일이었고, 그래서 서로 다른 민족 간 결혼을 한 부부는 다른 나라로 이주하는 것이 일반적이었다. 어머니는 제2차 세계대전 후 독일에서 대학 교육을 받은 중산층의 지위를 새롭게 얻었지만, 남편과 함께 캐나다에 도착해서는 농장 노동자로 일했다. '난민전문심사위원회'에서 발급한 어머니의 증명서에는 그녀가 '가정부'로 분류되어 있었다. 아버지는 '농업 노동자'와 '목수'로 분류되었다.

  어머니는 취업 비자와 좋아하는 오페라 음반을 포함한 몇 가지 집에서 가져온 보물을 갖고 캐나다에 도착했다. 또한 문학에 대한 사랑, 예술에 대한 수준 높은 교육, 수녀원에서 교육받는 동안 경험한 지적 자극의 삶을 이어가고자 하는 열망도 함께 지니고 왔다. 후자는 대부분 성취되지 않았다. 그녀는 삼 년 동안 가정부로 일한 후 1984년 건강이 나빠질 때까지 세탁소에서 일했다.

언어. 마비된 혀는 모든 소리에 고아처럼 달라붙고, 차가운 금속에 혀를 붙인다. 그리고 마침내 여러 해가 지난 후 고통스럽게 눈물을 흘린다(Michaels, 1996: 95).

물론 독일어는 우리 가족의 집단적 무의식 속에 계속 존재하고 있었다. 독일어가 우리 가정의 일상에서 사용되지는 않았지만, 음식이나 연주되는 오페라 음반, 불리는 노래에서 독일어를 느낄 수 있었다. 그러나 결국에는 이마저도 사라져 버렸다. 지난 15년 동안 우리 가정의 식사는 주로 잡지의 레시피에서 영감을 얻어 만들어졌고, 음악은 북미의 대중적 취향을 반영했다. 은퇴 후 어머니는 많은 시간을 로맨스와 추리소설을 읽으며 보냈다. 어머니는 책을 읽지 못하면 죽을 것이라고 말하곤 했다. 나는 어머니의 말을 믿었기에, 어느 날 병원에서 어머니가 더 이상 독서에 흥미를 느끼지 못한다고 말했을 때 어머니가 죽어가고 있다는 것을 알았다.

그리고 이후에, 내가 어린 시절의 사건들을 당시의 언어가 아닌 전혀 다른 언어로 기록하기 시작했을 때, 그것은 하나의 계시였다(Michaels, 1996: 101).

언어는 주체와 객체 사이에 장막으로 존재하는 것이 아니라 정체성을 구성하는 개인의 경험을 연결하고 해석하는 기능을 한다. 의식에 현존하는 것들뿐만 아니라 기억되거나 예측되는 것들 사이의 연결고리를 만들기 위해 언어를 사용하는 능력은 인간에게 과거, 현재, 예측된 경험의 관계를 해석하는 독특한 능력을 부여한다. 역사를 기억하고, 증언하고, 해석하는 능력에 힘입어, 인간은 사유하고 창조적으로 발명하는 상상 행위에 참여할 수 있다.

지난 수십 년 동안 교육과정 이론(Pinar, Reynolds, Slattery & Taubman, 1995), 문화 연구(Grossberg, Nelson & Treich-ler, 1992), 해석적 연구 방법론(Denzin & Lincoln, 1994) 분야의 연구는 담론적 실천discursive practice이 경험을 어떻게 형성하고 경험의 해석에 어떻게 영향을 미치는지를 밝혀냈다. 인간 경험을 분석하는 연구자들은 문학 이론, 프래그머티즘, 대륙 철학, 정신분석학, 포스트구조주의를 통해 사람들이 어떻게 중첩되고 변화하며 모순되는 서사에 관여하게 되는지에 주목하는 법을 배웠다. 담론적 실천은 경험을 재현하는 것이 아니라 경험을 창조한다.

영어의 세계로 망명한 1세대 캐나다인 부모를 두었기에, 나에게 의미가 있는 정체성을 하나로 모으는 것은 매우 어려운 일이었다. 최근에 나는 이러한 어려움의 대부분이 모국어를 잃어버려 초기 기억의 울림을 잊은 기성세대와 함께 살아온 나의 역사에서 비롯된 것임을 이해하게 되었다. 부모님은 영어를 통해 자신의 초기 경험을 표현하는 방법을 찾았지만, 그 방법이 만족스럽지 않았다는 건 분명하다. 여러 학자들이 밝혔듯이(Hoffman, 1989; Lerner, 1997), 한 언어에서 다른 언어로 기억을 번역하는 것은 불가능하다.

아토스의 이야기는 점차 나를 과거로부터 멀어지게 했다. 밤마다 그의 생생한 환각이 내 상상 속으로 흘러들어와 기억을 희석시켰다 (Michaels, 1996: 28).

생의 마지막 몇 주 동안, 어머니는 독일에서의 어린 시절과 청년 시절에 있었던 일들을 이야기하는 데 몰두했다. 그중에는 그녀의 어머니가 매주 일요일마다 자전거를 타고 30킬로미터를 달려 그녀가 있던 수녀원 학교까지 원장 수녀님을 만나러 왔던 이야기도 있었다. "그닐이 우리 엄마의 휴일이었지. 6일 동안 꼬박 농장을 운영하는 일을 한 후 일요일에 원장 수녀님과 커피를 마시러 오셨어. 그날이 엄마의 휴일이었어." 그녀는 검은 차가 와서 수녀들을 데려갔던 때를 기억하고 있었다. "다시는 그들을 보지 못했지. 그들은 학교를 병원으로 바꿔버렸어." 포로수용소에서 돌아온 할아버지에 대한 이야기도 있었다. 어머니는 할아버지를 알아보지 못했지만, 할아버지가 돌아온 것을 가장 먼저 알아차렸다. "난 아버지가 길을 따라 올라오고 있는 걸 봤단다. 난 네 할머니를 불러 '또 배고픈 사람이 왔어요!'라고 했지. 아버지는 예전의 모습이 전혀 아니었어."

때로 우리의 몸은 모든 다른 가능성을 포기했을 때 계시를 경험한다
(Michaels, 1996: 53).

어머니는 인생의 막바지에서 자신의 어린 시절 경험을 표현하려고 노력했지만, 영어로는 그 깊이를 전달할 수 없었다. 억양이 느껴지는 영어 때문에 독일 여성으로 인식되었지만 그녀는 독일어와 단절되었고, 그 결과 어린 시절의 울림과도 단절되었다. 그녀의 독일에서의 경험은 여러 번 반복적으로 이야기되었지만, 영어로는 제대로 포착되지 않았다. 모국어 영어 화자인 나는 어머니가 들려주는 이야기의 빈약함에 좌절감을 느꼈다. 나는 어머니의 어린 시절에 대한 좀 더 섬세하고 문학적인 설명을 갈망했다. 어머니가 청소년기에 나치 독일에 살면서 어떤 모순을 경험했는지 좀 더 감정적으로 격앙된 방식으로 듣고 싶었다.

진리는 음악가가 한 곡을 반복해서 연주하다가 갑자기 그것을 처음 듣는 것처럼 느끼게 되는 것과 같이 우리 안에서 서서히 성장한다
(Michaels, 1996: 251).

어머니가 돌아가시기 며칠 전, 나는 어머니께 내가 집필에 참여한 새 책을 보여드렸다. 이것은 이기적인 행동이었는데, 왜냐하면 그녀의 삶에서 이제는 책이 그다지 중요하지 않다는 것을 알고 있었

기 때문이다. 나는 책에 실린 나의 개인 사진을 가리킨다. 그중 하나는 어머니가 독서하고 있는 사진이다. "이 사람 알아보시겠어요?" 나는 희망을 품고 묻는다. 그녀는 사진을 쳐다보더니 책을 덮는다. "못생긴 늙은 여자로구나." 나는 어머니의 반응에 깜짝 놀랐다. 그녀는 다시 책장을 넘기다가 그녀와 아버지가 옛 시립병원에서 버려진 자재로 함께 지은 집 사진을 발견했다. "저게 내 집이야. 전쟁에 참전했던 네 아버지의 사진이다." 그녀는 책을 덮고 나에게 시선을 고정했다. "내가 어떻게 이렇게 똑똑한 아들을 낳았지?" 이것은 수사적으로 하는 말이 아니다. 부모가 자신과 자녀가 서로 다른 이야기와 경험을 갖고 있다는 것을 깨달았을 때 느끼는 놀라움을 표현하는 진실한 질문이다.

책과 그릇, 은식기와 사진을 묻은 후 자킨토스 게토의 유대인들은 사라진다. 그들은 언덕으로 숨어들어 산호처럼 기다린다. 반은 살, 반은 돌…. 비좁은 은신처에서 부모는 그들의 아이들에게 가족 이야기가 담긴 서둘러 꾸린 여행 가방에 대해, 친척들의 이름에 대해 말해준다 (Michaels, 1996: 40).

피터 게이(Peter Gay)[2]는 그의 저서 『나의 독일 문제 My German Question』(1998)에서 1933년부터 1939년까지 나치 베를린에서 살았던 기억을 해석한다. 그는 독일의 역사, 언어, 문화 안팎에서 갈등하며 존재하는 자신의 모습을 상세히 서술하면서, 정체성이 결코 안정적이거나 쉽게 설명되지 않는다는 것을 보여준다. 『흩어지는 조각들』의 등장인물과 마찬가지로, 게이는 과거의 무게가 현재에도 지속되는 기묘한 방식을 경험하고 있다. 기억과 역사가 의식에 미치는 영향에서 벗어나는 것은 불가능하지만, 이러한 영향을 해석하는 것은 가능하고 또 필요하다. 가다머(1990)에 따르면 이는 기억을 조직하는 방법으로서 언어를 발달시켜 온 인간에게 중요한 기획이다. 해석학적으로 말하자면, 부모님의 삶을 이해하는 것보다는 그들의 경험이 나의 삶과 어떻게 이어지는지를 이해하는 것이 중요하다.

현재는 풍경과 마찬가지로 신비로운 서사의 작은 일부일 뿐이다 (Michaels, 1996: 48).

결국 나의 어머니는 제2차 세계대전 당시의 경험에 대해 더 이상 많은 이야기를 할 수 없었을 것이다. 자신의 기억을 적절하게 표현할 수 없는 언어가 그녀를 제약했을 뿐만 아니라, 어머니가 사용할 수 있는 해석 도구 역시 부족했기 때문이다. 나와 달리 어머

---

2   미국의 역사학자로, 베를린에서 태어나 유대인 박해를 피해 1941년 미국으로 이주했다.

니는 자신의 경험에 대해 숙고하고, 그것을 비판적으로 해석하는 방법을 배울 기회를 갖지 못했다. 그녀는 많은 이민자들이 그랬듯이, 두 개의 언어, 두 개의 국가, 두 개의 문화적·사회적 맥락으로 구성된 삶의 파편들을 연결하기 위해 애썼다.

나는 어머니가 자신의 이민, 부모와 조부모의 죽음, 언어와 민족의 상실과 관련된 갈등을 완전히 해결했다고 생각하지 않는다. 새로운 삶을 개척하기 위해 캐나다에 도착하기 전, 그녀의 주체성은 이미 일반적으로 이민 여성이 어떤 존재인지, 특히 독일 여성은 어떤 존재인지에 대한 문화적 서사에 의해 과도하게 결정되어 있었다. 그러나 물론 그녀의 삶은 생물학적 육체의 죽음으로 끝나는 것이 아니다. 그녀가 남긴 유물, 가족과 친구들의 기억, 그리고 우리가 만들어 온 그녀에 대한 이야기 속에 계속해서 존재하며, 이 글에도 의미 있는 방식으로 존재하고 있다.

나는 불현듯 어머니가 내 안에 있다는 것을 깨달았다. 어머니가 집 안을 돌아다니며 물건을 치우고 정리하던 방식대로, 내 피부 아래에서 힘줄을 따라 움직이고 있었다(Michaels, 1996: 8).

로티(1989)가 '자유주의적 아이러니스트'라고 부른 나의 입장은 반본질주의 담론과 이론적으로 일치하면서 동시에 정치적 좌파와 동일시되는 어려움을 이해하는 데 도움이 된다. 나는 사회 정의를 위해 헌신하며, 특정 개인과 집단에 가해지는 잔혹한 행위들을 없애기 위해 최선을 다하고 있다. 나는 언어가 인간의 정체성과 정체성의 경험이 지닌 복잡성과 충만함을 완벽하게 표현할 수 없음을 이해한다. 또한 개인이 언어적·문화적 일관성을 경험하기 위해서는 언어를 사용하여 인지 가능한 정체성을 형성해야 한다는 것을 알고 있다. 인간의 정체성은 본질적으로 규정하기는 어렵지만, 어느 정도는 범주화가 필요한 휴리스틱[3]이라는 점을 이해할 필요가 있다. 그러나 한편 정체성에 대한 경험은 우연적이기도 하다. 정체성은 생물학적·지리적·사회적·문화적 역사에서 비롯되며 언어에 의해 구체화된다. 정체성의 경험은 실제로 존재하는 것이 아니라 내가 나 자신을 누구라고 믿는지(그리고 타인을 누구라고 믿는지)를 결정하는 기억과 서사들 속에서만 차후 존재할 수 있다.

  내가 경험하는 모순과 어려움을 조정하기 위한 개인적 기획의 일환으로, 나는 읽고 쓰는 해석 행위에 참여한다. 이는 내 이전 세대를 비판적으로 이해하기 위한 것이지 그들을 정죄하거나 찬양하기 위한 것이 아니다. 그들의 경험이 나의 경험으로 이어지기 때문에, 나는 이것이 무엇을 의미하는지 이해하려고 노력할 의무가 있다. 나는 이를 창의적인 발명의 행위로서 경험한다. 나는 나의 정체성을 발견하는 것이 아니다. 역사와 동시대의 문화를 만들

---

3   '경험과 체험을 통해 알게 되는 것'이라는 의미이다.

어 가는 데 참여하는 것이다. 이 지속적인 발명 과정의 일부는 역사적으로 타자로 인식하고 또 그렇게 식별되는 사람들과의 동일시를 나 자신을 이해하는 데 결합하는 방법을 배우는 것이다. 그래서 나는 내가 만난 적은 없지만 작품을 통해 알게 된 사람들이 쓴 책을 계속 읽는다. 이 책들은 회고록이거나 픽션이거나 혹은 철학이나 이론에 대한 것이기도 하다. 나는 이러한 문학적·이론적 공통 공간을 만들어 낸다는 것이 어떤 의미인지 생각하며, 나의 정체성과 나의 직업, 즉 가르치는 일과 문학적 참여에 대해 연구하는 일 사이의 관계를 해석하는 데 도움을 얻기 위해 현재의 어휘를 사용한다.

그러나 읽고 생각하는 것만으로는 창조의 과정을 완성할 수 없다. 보르그만(1992)이 말한 바와 같이, 역사를 해석하고 인간의 주체성과 문화를 창조하는 데 기여할 수 있는 무언가를 만드는 것이 중요하다. 나의 작업은 문학, 역사, 자서전, 픽션 등에서 발견한 역사와 기억의 조각들을 모아 생각의 진화를 드러내는 해석적 에세이로 엮어내는 것이다.

사람은 의미를 깊이 탐구할 수도 있고, 의미를 창조할 수도 있다
(Michaels, 1996: 136).

로젠블랫은 『탐구로서의 문학 Literature as Exploration』(1938)과 『독자,

텍스트, 시 The Reader, The Text, The Poem』(1978)에서 문학 텍스트를 읽는 것이 인간의 조건을 탐구하는 중요하고 독특한 방법이라고 주장한다. 문학의 의미를 텍스트 혹은 텍스트 생산과 관련된 맥락적·역사적 상황에 대한 탐구에서 추출할 수 있다고 주장한 동시대 학자들(Leavis, 1950 [1932]; Hirsch, 1976)과 달리, 로젠블랫은 의미를 생산하는 것은 독자와 텍스트 간의 관계라고 보았다. 로젠블랫은 토도로프(Todorov, 1977)와 이저(1978) 등의 수용 미학 및 듀이(Dewey, 1916)의 프래그머티즘 철학을 따라 독자와 텍스트 사이의 관계를 단순한 지식 해석이 아닌 지식 생성의 장으로 이론화했다. 오늘날 일반적으로 받아들여지고 있는 바와 같이, 독자는 텍스트에서 지식을 추출하거나 개인적 지식을 텍스트에 강요하지 않는다. 독자와 텍스트, 그리고 독서의 맥락은 지식을 지속적으로 발명하고 해석하는 데 상호 협력한다.

이러한 생성의 장은 로젠블랫이 '원심성 efferent'이라고 설명하는 경험을 위한 것이 아니다. 로젠블랫에게 있어 원심성은 언어의 도구적 소통 기능과 관련이 있는 반면, 심미성 aesthetic은 형성 기능을 수행하는 언어에 끌리는 경험을 통해 드러난다.[4] 루이스(Lewis, 2000)는 로젠블랫이 설명하는 미적 경험에는 독자가 텍스트와 동일시하는 복잡한 방식이 사회적이고 정치적인 사건이라는 이해가 포함되어야 하며, 이는 비판적 통찰의 발달과 관련된 즐거움을 얻을 기회를 창출한다고 설득력 있게 주장했다. 이러한 관점에서 볼 때 문학적 참여는 미적 향유와 창의적·비판적 학습 모두를 위한 장이 될 수 있으며, 실제로도 그렇다.

이러한 독자 반응 이론의 이해는 학습자를 생성되는 지식과 함께 공동 출현하고 공진화하는 존재로 보는 구성주의 학습이론과 양립할 수 있다(Spivey, 1997; von Glasersfeld, 1995). 독자가 문학 작품을 접할 때 단순히 등장인물을 대리 경험하거나 그들의 행동에서 도덕적 교훈을 배우기만 하는 것은 아니다. 비치(Beach, 2000)가 설명한 바와 같이, 텍스트에 대한 독자의 참여는 문학을 통해 관계를 형성할 수 있는 독서 클럽이나 교실과 같은 다양한 활동 시스템에 참여하는 복잡한 방식을 드러낸다. 그리고 최근 발전하고 있는 행화주의 학습이론enactivist learning theory[5]에서 알 수 있듯이, 이

---

[4] 제품 설명서나 역사책을 읽는 것은 원심적 읽기의 대표적인 사례로, 독자는 텍스트로부터 정보를 추출하고자 하며 이를 위해 논리적·분석적 사고 작용을 수행한다. 반면 심미적 읽기의 경우, 독자는 자신의 경험이나 생각을 텍스트 읽기 과정에 가져와 상호 교섭하며 정서적 반응을 형성한다. 가령 프로스트의 시를 읽는 독자는 시에 등장하는 단어의 이미지를 떠올리고, 그것이 불러일으키는 자신의 감정이나 생각에 주의를 기울이며 작품을 총체적으로 경험하는 과정에서 미적 즐거움을 느끼게 된다.

[5] 행화주의는 인지과학에서 '신체화된 인지'와 관련하여 등장한 전복적인 개념으로, 인지가 미리 주어진 객관 세계를 인식하는 것이 아니라, 신체를 가진 세계 내 존재가 세계와의 행위를 통해 새롭게 창출되는 것이라고 보는 관점을 취한다. 행화주의 관점에서 인지는 유기체와 환경의 긴밀한 상호작용 행위를 통해 생성된다. 발제주의, 행위화주의 등 다양한 용어로 번역되고 있으나, 이 책에서는 학문적으로 가장 널리 쓰이고 있는 '행화주의'로 번역했다. Varela, F., Thompson, E., and Rosch, E.(1991). *The embodied mind: Cognitive science and human experience*, Cambridge MA: MIT Press(『몸의 인지과학』, 석봉래 역(2013), 김영사)를 참고하라.

러한 모든 문화적 연관성은 생물학적·생태학적 시스템에 의해 지속적으로 영향을 받는다(Davis, Sumara & Luce-Kapler, 2000; Varela, Thompson & Rosch, 1991). 이러한 중첩된 관계는 기억하고 표현하고 재해석하는 인간의 능력에 의해 더욱 복잡해진다. 독자는 문학 텍스트에 적극적으로 참여하는 동안과 또 그 이후에 자신의 과거, 현재, 미래의 경험을 성찰하게 된다.

최근 수십 년 동안 많은 인류학자들이 인류학적 탐구와 문학 연구 사이의 새로운 관계에 대해 언급해 왔다(Bateson, 1994; Behar, 1996; Geertz, 1988). 언어를 인간 경험의 충만함을 완전히 표현할 수 없는, 연속적으로 창발하는 체계로 개념화하는 포스트구조주의 이론(Derrida, 1976, 1978)을 따라, 이 이론가들은 연구자가 타인의 경험을 모호하지 않게 정확히 표현할 수 있다는 통상적인 믿음에 의문을 제기했다. 이들의 연구는 지식과 문해 표현 행위 사이의 관계에 대한 관심을 높이는 데 기여했다.

대부분의 인문과학 연구자는 자신의 연구를 전파하기 위해 인쇄 텍스트에 의존하기 때문에, 저자의 질문과 진리 주장, 텍스트 작성 간의 관계는 면밀히 검토되어 왔다(Behar, 1996; Clifford & Marcus, 1986; Richardson, 1997). 여러 해에 걸친 면밀한 탐구를 통해 연구자들은 문화를 해석할 의무가 여전히 존재하지만, 그 연구 결과물은 특정한 종류의 허구이며, 여기에서 허구는 경험한 사건에 대한 저자의 선택과 해석으로 이해되어야 한다는 결론을 도출했다(Lather, 1991; van Maanen, 1988). 연구된 내용을 허구적 표현의 한 형태로 인식함으로써, 민족지적 글쓰기를 지식의 표현에 있어 문학적 관습에 상당 부분 의존하는 해석적 예술로서 이해하는 것이 가능해졌다(Richardson, 1997).

2장에서 간략히 논의했듯이, 이저(1989, 1993)는 독자/텍스트 관계와 관련된 해석 행위를 '문학 인류학'으로 명명했다. 이는 독자가 자신이 읽고 있는 텍스트에 대한 해석 작업을 수행할 때, 그러한 해석 행위가 독자의 자아 정체성을 지속적으로 발전시키는 데 관여한다는 점을 시사한다. 문학에 대한 개인의 반응이 독서의 상호 관계적 경험 및 상호 텍스트적 경험과 분리될 수 없음을 설명하는 블레이지(1978)의 해석 공동체 개념과 연계할 때, 문학 인류학적 연구는 문학 텍스트와의 관계가 문화를 지속적으로 해석할 수 있는 흥미로운 장이 될 수 있다는 믿음을 기반으로 하며, 하이데거가 주장한 바와 같이 문화가 역사적으로 형성되고 그에 영향을 받는다는 점을 따른다. 독자가 자신과 자신이 처한 상황에 대한 과거, 현재, 예상되는 해석을 축적해 나가는 것은 바로 이런 문학적 공통 공간 안에서이다.

그러나 문학 작품에서 발전한 관계는 문학 인류학의 실행을 통해 이루고자 하는 해석적 기획을 완성하지 못한다. 문학을 통해 형성된 관계는 독자의 기억되고 상상된 다른 경험들과 함께 정보로서만 존재한다. 문학 인류학으로서의 사건을 통해 비판적 인식을 형성하기 위해서는 명시적인 해석의 과정이 요청된다. 가령 이 장의 앞부분에 제시된 경험 기술적 텍스트를 준비하면서, 나는 몇 주 동안 이전에 『흩어지는 조각들』의 독서 과정에서 작성한 메모들을 다시 읽고 답해보며 연구 주제와 관련이 있다고 생각되는 비문학 작품에 대한 메모를 작성하는 데 시간을 보냈다.

문학 인류학의 탐구 과정은 이렇듯 병치적 읽기와 노트 작성 활동으로 시작된다. 2장에서 설명한 것처럼, 이러한 반응이 연구자에게, 그리고 궁극적으로는 연구자가 제시한 분석 결과를 검토하는 사람들에게 유용하게 사용되려면 해석이 필요하다. 그러기 위해서는 연구 주제에 대해 가능한 한 복합적이고 깊이 있게 아는 것이 필요하다. 예를 들어, 나는 부모님과의 관계를 이해하기 위해 제2차 세계대전과 관련한 사건들과 전후 독일인의 유럽 대탈출 등을 다루는 역사서, 회고록, 문학 텍스트, 철학 저서 등을 여러 해 동안 읽으며 주석을 달았고, 마음에 드는 인용문과 짧은 해석을 담은 주석 노트를 작성했다.

나는 문학 작품(특히 소설)이 독자의 강한 동일시와 생성된 의미에 대한 해석의 기회를 창출한다는 주장(Iser, 1993; Eco, 1994; Grumet, 1988; Rorty, 1989)에 동의하기 때문에, 나에게 '공통 공간으로서의 텍스트commonplace text'로 역할하는 소설 한 편을 선택하여 분석 과정을 시작한다. 2장과 3장에서 설명한 바와 같이, 대체로 이 소설들은 내가 여러 번 읽은 텍스트들이다. 읽기를 마칠 때마다 나는 책의 여백과 사용 가능한 다른 흰 공간에 암호 같은 메모들을 기록한다. 또한 앞표지 안쪽에는 내가 책을 읽은 날짜와 그때의 상황을 기록한다. 독서를 마칠 때마다 소설에 달아둔 주석들을 다시 살펴보고, 흥미로웠던 새로운 인용구를 추가하고, 이러한 인용구들을 타이핑하면서 새롭게 도출한 해석을 덧붙인다.

이전에 주석을 달았던 문학 텍스트를 다시 읽을 때, 나는 마지막으로 읽었던 맥락을 기억하는 동시에 현재의 읽기 맥락이 어떻게 변화했는지를 알게 된다. 나의 해석 상황 및 행위에 대한 역사적이고 맥락적인 측면을 전경화하고 이러한 측면들을 나타내는 정보를 생성하는 과정에서, 나는 나의 연구 질문과 관심사를 뒷받침하는 정보 아카이브를 발전시켜 간다.

동시에, 이러한 텍스트 주석 달기와 다시 읽기 행위는 인간의 정체성이 지속적으로 발달하는 과정에서 언어가 기억과 계속해서 상호작용하는 방식을 부각한다. 언어는 인간의 발명품이지만, 그렇게 인식되는 경우는 매우 드물다. 언어는 인간 사회와 너무나 밀접하게 얽혀 있기 때문에 경험의 눈에 띄지 않는 배경이 되었고, 그 결과 더 이상 문화적 도구로 이해되지 않는다. 여러 번 읽고 주석을 달았던 문학 텍스트를 다시 읽을 때, 나는 언어, 기억, 표현 형식, 개인적이고 문화적인 정체성 감각 사이의 복잡하고 끊임없이 진화하는 관계를 계속해서 상기하게 된다.

2장과 3장에서 서술한 바와 같이, 통찰력은 문학 텍스트가 아이디어를 발전시키고 해석하는 공통 공간이 될 때 왕성하게 생성된다. 독자 반응 활동은 독자가 해석 텍스트에 너무 많은 세부 사항을 포함시키려는 부담을 느끼지 않고 아이디어와 정보들을 정리하는 데 도움이 된다.

중요한 점은 '공통 공간'으로 기능할 작품으로 이저(1978)가 언급한 '불확정성 indeterminacy'의 사례를 제공하는 소설을 선택하는 것이다. 이저는 불확정성을 텍스트가 제시하는 이해에 있어서의 '빈틈'으로 설명한다. 텍스트의 이해를 위해 독자는 이를 반드시 채워야 한다. 물론 모든 문학 텍스트는 불확정성을 내포하고 있다. 나는 우리의 인식과 해석을 확장하기 위해 나에게, 그리고 함께 읽기 작업을 수행할 독자들에게 도전적인 텍스트를 선택하곤 한다. 예를 들어, 초등학교 5학년과 6학년 학생을 대상으로 한 연구에서 나와 내 동료들(Sumara, Davis & van der Wey, 1998)은 로이스 로리의 SF소설 『기억 전달자』를 선택했다. 대부분의 성인 독자는 이 소설이 읽기 쉬운 SF소설의 한 예라고 생각하겠지만, 학생들은 이 소설이 명료한 해석을 필요로 하는 많은 불확정성을 포함하고 있다고 생각했다. 개인적인 문학 독서 경험과 수업 활동 사이의 관계에 관해 탐구하고자 한 고등학교 영어 교사들과의 연구(Sumara, 1996)에서, 나는 열성적인 문학 독자가 기대하는 구조에서 벗어난 소설을 활용할 필요가 있었다. 교사들과 함께한 이 연구에서 원하는 효과를 얻기 위해서는 마이클 온다치의 복잡한 소설

『잉글리시 페이션트』가 필요했다. 이 장의 서두에서 설명한 연구에서, 소설 『흩어지는 조각들』은 서사 구조가 충분히 특이해서 이 텍스트에 대한 참여로 유발된 불확정성으로 인해 천천히 읽고, 다시 읽고, 생산적인 해석 지점을 정교하게 만들 수 있었다.

문학 인류학의 독자 반응 방법은 해석 자체를 강조하기보다는 문학과의 동일시와 해석에 의해 **조건화된** 것을 해석하고 더 발전시키는 데 관심을 기울인다는 점에서 다른 모든 형태의 문학 비평과 구별된다. 독자가 등장인물 및 플롯과 동일시하는 것은 통찰력을 개발하는 데 있어 매우 중요하지만, 이는 그 과정의 일부일 뿐이다. 더 중요한 것은 텍스트를 지속적으로 다시 읽음으로써 명상과 유사한 형태의 마음챙김 mindfulness[6]을 형성하는 방식이다. 독자는 문학적 참여를 통해 만들어진 공통 공간에서 새로운 정보와 해석을 계속해서 수집한다. 문학 텍스트로 돌아올 때마다 독자/연구자는 이번 읽기와 지난 마지막 읽기 사이에 존재하는 간극을 해석해야 하므로, 생성적인 순환 과정이 만들어진다.

많은 사람들이 나에게 이러한 과정이 인쇄된 소설에 국한되는 것인지 물어왔다. 문학 인류학적 작업은 회고록, 이론적 텍스트, 영화나 TV 쇼 같은 다른 표현 형식에 대한 동일시와 반응을 통해서도 이루어질 수 있는가? 에코(1994)의 주장을 따라, 나는 독자의

---

[6] 심리학 용어로, 현재의 순간을 있는 그대로 온전히 자각하는 것을 말한다.

인식이 텍스트와 함께 구성된다는 점에서 문학 텍스트가 해석적 탐구를 위한 폭넓은 가능성을 제공한다고 생각한다. 예를 들어, 독자는 회고록을 읽을 때 제시된 내용이 실제로 일어난 일에 대한 설명이라고 믿는다. 따라서 회고록의 독자는 작가가 보고하는 내용을 주관적 진실로 이해하더라도 이를 '진실'이라고 믿는 데 동의한다. 하지만 소설의 경우는 다르다. 소설을 쓸 때 작가는 진실을 말하는 **척하며**, 독자는 작가가 쓰는 것이 진실이라고 믿는 **척한다**. '믿는 척'하는 경험은 독자가 자신의 경험과 해석을 삽입하여 이야기 간극을 설명할 수 있는 일종의 개방적이고 유희적인 해석 공간을 만들어 낸다. 독자는 회고록을 읽을 때 누락된 세부 사항을 스스로 만들어 내는 것을 꺼릴 수 있지만, 소설을 읽을 때는 불확정성을 극복하기 위해 기꺼이 세부 사항을 만들어 낸다.

물론 '믿는 척'하는 경험은 TV 코미디나 드라마를 볼 때, 영화를 볼 때, 또는 인터넷 채팅을 할 때도 종종 생겨난다. 그러나 이러한 경험은 소설을 반복해서 읽고 해석할 때와 같은 깊이 있는 해석 경험을 만들어 내지 못한다는 것이 나의 주장이다. 이는 그러한 만남이 찰나적이고, 대개 재경험의 대상이 되지 않기 때문이다. 하지만 그렇다고 해서 다른 상상 형식과의 동일시가 개인적·문화적 통찰력을 개발하려는 인간의 지속적인 탐구에 기여하지 않는다는 의미는 아니다. 나의 강의와 연구 과정에는 학생 및 연구 협력자들과 함께 영화를 보고 해석하는 것이 포함된다. 영화가 도전적인 불확정성을 포함하고 있고, 영화를 여러 번 보고 병치적 읽기와 해석 활동에 참여할 기회가 있다면, 영화 역시 해석에 있어 소설과 유사한 공통 공간을 만들어 낼 수 있다.

문학 인류학적 방법의 성공 여부는 상당 부분 독자가 읽고 있는 텍스트에 주석을 달 수 있는 능력에 달려 있다. 가령 이 장에서 언급한 연구에서, 나의 인식과 해석이 어떻게 진화하고 있는지 알아차리기 위해서는 『흩어지는 조각들』에 대한 나의 '커먼플레이스북'을 여러 번 읽는 것이 중요했다. 어머니와 나의 삶의 경험을 상징하는 물건들처럼, 이러한 텍스트 주석들은 과거의 경험과 그 경험에 대한 해석이 정리되고 새로운 해석이 떠오를 수 있는 공간을 만들어 낸다.

문학 인류학을 반응 및 연구 방법으로 발전시키는 데 있어 가장 어려운 부분은 읽기와 해석 과정에서 발달하는 '공통 공간'의 복잡성을 어떻게 표현할 것인지 배우는 것이었다. 너무 많은 세부 사항으로 독자를 압도하거나 혼란스럽게 하지 않으면서도 어떻게 복잡한 문학적·비문학적 연관성을 이해하도록 할 수 있을까? 이러한 문학 인류학적 방법에서 개발된 통찰력을 제시하는 해석적인 반응을 어떻게 만들어 낼 수 있을까? 또한 독자가 해석을 확장할 수 있도록 충분한 불확정성을 유지하면서 통찰력을 제시하는 텍스트를 어떻게 만들어 낼 수 있을까?

문학 인류학의 반응 방법에 따른 결과물에는 항상 문학 속 인물과 그들의 상황에 대한 언급과 해석이 포함되지만, 이는 독자가 관심을 갖는 아이디어의 발전에 어떻게 기여했는지를 보여주기 위해서만 제시된다. 예를 들어, 앞서 제시한 해석 텍스트에서 나는 『흩어지는 조각들』의 인물과 상황에 대한 나의 동일시와 해석을 논의하면서 그러한 동일시에 의해 조건화되고 영향을 받은 통찰력을 부분적으로만 언급했다. 이 글에서 나의 의도는 역사와 기억, 언어와 지리 간의 관계를 강조하고 해석하는 것이기 때문에, 이론적·철학적 텍스트를 포함한 내가 읽은 다른 텍스트들과 텍스트 밖의 경험 사례도 제시해야 한다.

이러한 병치적 읽기와 반응, 해석 행위에서 도출된 통찰력이 영향력을 가지려면, 이러한 참여가 충분한 불확정성을 갖도록 구성되는 것이 중요하다. 이를 통해 독자는 저자와의 해석적 협업에 더 명시적으로 참여할 수 있게 된다. 나는 나의 문학적 참여를 통해 얻은 통찰력 중 일부를 보여주고 싶지만, 새로운 이해가 발전할 가능성을 막지 않으면서 자각을 조건화하고 안내하는 충분한 정보를 제공하는 열린 텍스트를 만들고 싶기도 하다.

이러한 문학적 공통 공간이 다른 이들에게도 유용하고 흥미로운 것이 되려면, 이는 연구자의 삶과 함께, 그리고 그 이후에도 지속될 수 있는 산물로서 상징화되어야 한다. 앤 마이클스가 자신의 비판적 결론과 해석을 표현하기 위해 문학 작품을 창작한 것처럼, 나 역시 이와 유사한 기능을 목표로 하는 텍스트를 창작한다. 수

년 동안 나는 나의 학생 및 연구 협력자들과 함께 우리의 연구와 이러한 작업으로부터 도출된 통찰력을 전달하기 위해 다양한 방법을 실험해 왔다. 작가마다 독특한 스타일을 개발하지만, 우리는 모두 이 장에서 설명한 인류학적 탐구 방법을 통해 결과물을 만들었다. 문학 텍스트를 읽고 메모하고, 다시 읽고 다시 메모하고, 비문학 텍스트 및 기타 수집된 연구 데이터(자서전, 전기, 민족지학) 등과 병치함으로써 해석 작업의 골격을 만들어 냈다.

이러한 읽기 및 반응 활동들과 함께 우리는 내가 '해석적 연결'이라 부르는 활동을 수행한다. 예를 들어, 이 장에 제시된 해석 텍스트의 경우, 나는 『흩어지는 조각들』에서 특히 나에게 매력적인 주제를 찾아내는 것으로 작업을 시작했다. 작업 초기에는 역사와 기억의 융합을 의미하는 "모든 순간은 두 개의 순간이다"라는 구절이 흥미롭게 다가왔다. 이 소설에 대해 작업하는 동안 나는 제2차 세계대전에 대한 역사 기록, 프래그머티즘 철학, 철학적 해석학, 독자 반응 이론 등을 계속해서 공부했다. 다루기 쉬운 작은 해석의 장을 만들기 위해 앤 마이클스의 『흩어지는 조각들』에서 인용문 하나, 회고록(예를 들어 피터 게이의 『나의 독일 문제』)에서 문장 하나, 철학적 또는 이론적 텍스트(예를 들어 로티의 『철학과 사회적 희망 Philosophy and Social Hope』[1999])에서 문장 하나를 가져와 새로운 파일에 입력한 다음, 세 가지 아이디어를 어떤 해석으로 연결할 수 있는지를 시도하는 글쓰기를 수행했다. 이러한 글쓰기/해석 활동

모두가 생산적인 통찰을 낳은 것은 아니었지만, 많은 경우가 그랬다. 이런 작은 '해석 공간'이 만들어지면 이를 인쇄해서 바인더에 정리했다. 몇 주에 걸쳐 텍스트를 읽고, 다시 읽고, 주석을 달고, 다시 주석을 달면서 이를 서로 다른 경험들과 비교하고 대조하는 과정을 반복했다. 또한 짧은 해석 텍스트를 작성하는 작업을 계속했는데, 이는 흥미롭고 유용한 통찰을 발견하는 데 큰 도움이 되었다.

  나의 집필 작업은 주로 이러한 과정들의 반복으로 이루어지는데, 최종적인 결과물은 항상 다른 요인들에 의해 영향을 받는다. 예를 들어, 이 장에 소개된 텍스트는 내가 나라 전체를 가로질러 이주하고, 재직 기관을 바꾸고, 제2차 세계대전에 벌어진 사건과 나와의 관계를 해석하려는 과정 및 부모님의 경험이 나의 경험으로 이어지는 방식을 이해하는 과정을 계속하는 동안에 작성되었다. 나의 독서 노트를 참조하면서, 무엇보다도 『흩어지는 조각들』을 비롯해 여러 텍스트 속 인물과의 연결을 통해 촉발된 아이디어를 중심으로 해석 글쓰기를 전개해 나가면서, 나는 결국 이 주제를 더 잘 이해하기 위해서는 언어, 기억, 역사, 지리 사이의 관계에 대한 더 광범위한 분석이 필요하다는 것을 알게 되었다. 이러한 생각들은 나의 독서 혹은 그에 대한 초기 반응과 해석들로부터 나온 것이 아니라, 오히려 『흩어지는 조각들』을 반복적으로 다시 읽고 이 문학 텍스트에 대한 반응을 다른 텍스트와 텍스트 밖의 경험에 대한 반응과 병치하는 지속적인 행위**로부터 나왔다**. 내가 작성한 해석 글쓰기에는 문학적 참여에서 얻은 통찰력의 일부와 이러한 참여에 영향을 미친 요소들에 대한 설명 및 논의가 담겨 있다.

세월이 흐르면서 나의 교수법이 문학 인류학의 독자 반응 방법으로부터 정보를 얻기도 하고, 역으로 그에 정보를 주기도 했다는 것을 이해하게 되었다. 중학교 교사 시절에는 몰랐지만, 학생들에게 문학 작품에 대한 반응을 자신의 개인적·집단적 경험과 연관 지어 해석하도록 요청할 때, 나는 그들을 일종의 문학 인류학에 참여시키고 있었다. 최근에 사범대학 학부생과 대학원생들을 가르치면서 이론, 철학, 역사 텍스트와 함께 소설을 읽고 이 중 두세 가지의 아이디어를 연결해서 해석을 만들어 보도록 하는 글쓰기 활동을 하고 있는데, 이 역시 이러한 연구 및 해석 행위에 참여하는 또 다른 방법이 될 수 있을 것이다.

이러한 교육 활동을 언급하는 것은, 이 장에서 내가 문학 인류학을 연구 활동으로 제시하고 있지만, 나는 이를 교육 활동으로도 사용하며 또 경험한다는 것을 강조하기 위해서이다. 나에게 문학 인류학은 개인적이고 문화적인 학습의 중요한 형태이다. 앞서 제시한 해석 글쓰기에서 배움은 다른 사람들과 나 자신의 경험에 대한 학제 간·세대 간 표현 및 해석에 대한 깊은 참여로부터 나왔다. 문학 작품과 다른 여러 텍스트 자료를 병치하면서, 나는 역사적·문화적 사건에 대한 개인적 해석을 위한 조건을 만들어 냈다. 자전적이고 전기적인 경험의 특수성으로부터 시작해 이를 중심으로 역사적·이론적 서사를 발전시켜 가면서, 나는 이 연구에 제시된 중요한 형태의 문화적 학습을 수행하고자 했다.

제2차 세계대전 이후 부모님이 캐나다로 이주하면서 일어난 사건들을 해석하는 것은 나에게 흥미로운 일이었다. 이는 그들 또는 나 자신에 대해 배웠기 때문이라기보다는 역사의 크고 작은 사건들이 어떻게 동시대의 세계와 엮이는지 배웠기 때문이다. 이러한 통찰은 개인적인 것이지만, 집단적 지식에도 기여한다. 역사적·지리적·사회적·문화적 배경과의 관계를 더 명확하게 이해하게 되면서, 나는 내 삶에 도움을 주는 새로운 해석 도구를 개발해 나가고 있다.

6장

사랑에 빠지는 법 배우기

식료품을 사기 위해 줄을 서서 기다리는 동안 나는 보통 인기 있는 잡지들의 표지를 훑어본다. 세 가지 주제가 지배적이다. 섹스, 사랑, 다이어트. 물론 이러한 주제들은 서로 관련이 있다. 대중적인 서사에 따르면 날씬해야 매력적이고, 매력적이어야 섹시하며, 섹시해야 사랑에 빠질 수 있다. 이러한 문화적 신화를 믿는다면, 사랑에 빠지는 것은 학습된 것이 아니라 자연스럽게 일어나는 일이다.

대부분의 아이가 그렇듯이, 나도 어린 시절에 이러한 신화를 내면화했다. 이러한 학습의 상당 부분은 학교의 기초 독서 교과서에서 비롯된 것이었다. 모든 가정이 딕과 제인의 가족처럼 되어야 하지 않는가? 가톨릭교회와 학교에 다녔던 어린 시절, 나는 전형적인 가족은 마리아, 요셉, 예수의 가족이라고 확신했다. 예수가 '원죄 없이 잉태되셨다'라는 것은 내가 세상이 어떤 곳인지 완벽하게 이해하기 위해 무시했던 모순 중 하나였다. 나는 또한 TV를 많이 보았고, 사랑에 빠지는 것이 〈브래디 번치 The Brady Bunch〉[1]나 〈리브 잇 투 비버 Leave It to Beaver〉[2]와 같은 시트콤에 나온 것과 비슷하다고 생각했다. 내가 본 책과 TV 프로그램에서 사랑에 빠지는 것이 정확하게 묘사되었다면, 내가 아는 그 누구도 사랑에 빠져 있지 않은 것 같았다.

그러나 물론 그렇지는 않았다. 캐나다 동부에 사는 이모와 이모부를 방문할 때마다 나는 내가 사랑에 빠진 두 사람 앞에 있다는 것을 알았다. 이 사실을 확신하게 된 것은 손을 맞잡는 그들의 습관 때문이 아니라 그들이 운영하는 소규모의 사업, 그들이 연주하고 노래하는 음악, 그들이 준비한 식사와 같은 특정한 일들에서 서로에 대한 관심을 유지하고 있다는 점 때문이었다. 최근에 그들을 방문했을 때 나는 그들이 은퇴 후에 손주를 돌보고, 정원을 가꾸고, 부동산 투자를 유지하는 등 서로에 대한 애정을 키워갈 수

---

1   1969년부터 1974년까지 방영한 미국 ABC 방송국의 시트콤 시리즈.
2   1957년부터 1963년까지 미국 CBS 및 ABC 방송국에서 방영한 시트콤 시리즈.

있는 새로운 일들을 찾았다는 것을 알게 되었다. 리타 이모와 하인즈 이모부에게 사랑은 끊임없이 가꾸어야 하는 그들 사이에 던져진 물건이 아니라, 오히려 두 사람이 공유하는 세계의 불가분의 본질로 존재하는 것 같았다.

우리 대부분은 언제 사랑에 빠졌는지 잘 모르지만, 언제 사랑에 빠지지 않았는지는 잘 아는 듯하다. 우리는 특히 언제 사랑에 '**빠졌었는가**'를 잘 알고 있다. 예를 들어, 나는 12년 동안 사귀었던 첫 번째 파트너와 헤어지고 나서야 우리가 사랑했다는 사실을 알았다. 나는 그제야 일상적인 접촉이 얼마나 그리운 것인지를 알게 되었다. 이 깨달음은 현재의 관계를 잘 유지하게 하는 데 도움이 되었다. 파트너에 대한 애착을 '사랑에 빠졌다'라고 부를 수 있는 커다란 감정에서 찾으려 하기보다는 함께 공유하는 삶의 작은 부분에서 애정이 순환하는 방식을 알아차림으로써 발견하게 되었다. 사랑은 낭만적인 사랑에 대한 거창한 이야기가 아니라 생활 속의 작은 이야기들로 구성된다.

이것은 가족 간의 사랑에서도 마찬가지이다. 나는 어머니를 사랑한다는 것을 알았지만, 어머니가 돌아가시기 몇 주 전까지는 내가 **얼마나** 어머니를 사랑하는지 알지 못했다. 어머니의 마지막 날을 함께 보내면서 엘리자베스 헤이(Elizabeth Hay)의 소설 『날씨의 학생 A Student of Weather』(2000)에 나온 '감정의 방'이라는 것이 내 의식 속에 만들어졌다. 사랑이 작고 작은 순간들에 있다는 것을 배웠기에, 나는 어머니와 마지막 날들을 보내면서 그 세부적인 이야기들에 관심을 기울였다. 어머니가 어린 시절의 사소한 이야기를 들려주실 때 나는 더 이상 지루하거나 짜증이 나지 않았다. 어머니의 새로운 '병원 식구들'에게 관심을 갖게 되었고, 새로 시작되는 관계에 주의를 기울이는 법을 배웠다. 이러한 이해는 어머니의 마지막 몇 주 동안 의사들이 어머니를 병원의 다른 병동으로 옮기려고 할 때, 내가 어머니를 변호하는 데 도움이 되었다. 그들은 어머니를 신체적으로 보살피는 데 관심이 있었지만, 나는 중요한 것은 어머니가 이미 사람들과 맺은 관계라는 것을 알고 있었다. "어머니는 더 이상 새로운 친구를 사귈 필요가 없어요"라고 나는 주장했다. 어머니와 나는 서로를 사랑한다는 것을 지속적으로 확인함으로써 사랑을 표현하지 않았다(물론 그런 부분도 얼마쯤 있었지만). 우리는 눈앞에 있는 중요하고 의미 있는 일들에 참여하면서 사랑을 키워나갔다.

　이러한 사랑의 교훈을 통해 나는 다른 이들, 특히 가장 친밀한 사람과의 경험에 대해 세심한 주의를 기울이는 방법을 배웠다. 그런 면에서 우리는 사랑에 빠지는 법을 배우는 것뿐 아니라 사랑에 **빠졌을 때를 인식하는 법**도 배워야 할 것이다. 이것은 생각만큼 쉽지 않다. 다른 이들과의 관계나 소설 및 전기 속의 인물을 통해 경험하듯이, 사랑의 한가운데에 있다는 것은 보통 사랑의 감정이 투명해져서 눈에 띄지 않게 된다는 것을 의미한다. 사랑이 보류되거나 결핍될 때만 우리는 비로소 그 경계를 인식하게 된다.

지속적인 사랑은 갑자기 일어나지 않으며, 사랑에 빠지는 일에 대한 너무나 익숙한 이야기들에 나오는 방식대로도 이루어지지 않는다. 사랑에 빠지는 데는 '적절한 시기에 적절한 사람을 만나는 것' 외에는 아무것도 필요하지 않다는 믿음은 사랑이라는 사건을 복권이나 다른 확률 게임처럼 여기는 것이다. 이는 사랑의 애착을 원하는 사람에게는 낙관적인 견해가 아니다. 이러한 이야기는 사랑에 빠지는 것이 인생의 동반자와 궁극적인 유대감을 형성하는 전제 조건임을 시사한다. 가장 중요한 것은 사랑에 빠지는 것이 행복의 기반이 된다는 것이다. 그러므로 사랑에 빠진다는 생각이 그토록 많은 문화적인 걱정과 불안을 불러일으킨다는 것은 놀라운 일이 아니다. 사랑에 빠지는 것은 행복과 밀접한 관련이 있기 때문에, '바로 그 사람'을 찾지 못할 가능성은 두려운 일이다. 낭만적인 사랑의 경험 없이 어떻게 온전하거나 완전한 짝을 찾을 수 있겠는가? 인간 행위의 대부분이 학습되어야 한다고 인식되지만, 사랑에 빠지는 것은 타고난 것, 거의 본능에 가까운 것으로 이해된다. 그 결과 사랑에 빠진다는 것은 생물학적인 요소와 경험적인 요소의 우연한 만남으로 축소되었다.

사랑에 빠지는 것이 학습되는 경험이라면, 사랑에 빠진다는 것이 무엇인지를 이해하기 위해서는 학습이론을 적용해야 한다. 컬러(Culler, 1997)의 논의대로, 나는 이론을 대부분의 사람이 '통상적인' 이해라고 믿는 것에 의문을 제기하는 이가 만들어 낸 것이라고 정의한다. 이론은 주로 학문의 장에서 명시적으로 발전하고 보급되지만 다양한 철학적 전통과 밀접하게 연결되어 있으며, 결국에는 주류 대중문화에 영향을 미친다. 인간의 모든 사고와 행위는 그것을 설명하는 데 사용되는 이론적 서술과 함께 나타난다. 이론은 일상적인 행위 및 언어와 얽혀 있기 때문에, 일반적으로 눈에 보이지 않으며 인간 경험의 배경으로 남아 있다. 인간의 사고와 행위에 영향을 미치는 많은 이론들이 경합을 벌이지만, 하나의 전통이 완고하게 지배적으로 존재하고 있다.

학계에서 여러 해 동안 논쟁의 대상이 되어왔지만, 플라톤의 저작에서 비롯된 철학적 전통은 인산 간의 관세, 경험의 맥락, 지식의 생성 및 사용에 대한 대중의 신념을 지속적으로 구성해 왔다. 이러한 서양 철학 전통의 중심에는 '이성'에 대한 믿음이 존재한다. 이성이라는 개념은 '진리'가 인간의 경험 밖에 존재한다는 믿음의 토대가 되었다. 인간은 세계를 '있는 그대로' 지향하고 분별할 수 있는 능력을 연마하기 위해 이성을 발전시켜야 한다는 과제를 떠안고 있는 것처럼 보인다. 이성의 가치를 높이 평가하면서 인간은 자신이 생태적이고 영적인 세계로부터 분리되었다고 믿게 되었다. 이러한 이론적 믿음은 지구와 생물권의 대규모 파괴와 학대, 인간종의 우월성에 대한 신념을 지속적으로 뒷받침해 왔다는 점에서 문제를 야기한다. 근대 이전의 인간은 자신이 통제할 수 없는 생태적·우주적 체계 안에 있다고 믿었지만, 우리 현대인은 17세기 철학자이자 과학자인 프랜시스 베이컨이 아주 매력적으로 제한한 바 있듯이, 결국 우리의 목적을 위해 '자연으로부터 그의 비밀을 캐낼' 수 있다는 그릇된 인식에 빠져 있다. 우리는 이성을 통해 자연의 진실을 찾아낼 수 있다고 믿는 것처럼, 사랑도 그런 방식으로 찾을 수 있다고 생각한다.

이성의 위대함에 대한 신화와 궁극적으로 자연의 모든 비밀을 알 수 있으리라는 이성의 능력을 뒷받침하기 위해 현대인들은 무엇이 학습을 구성하는가에 대한 이론과 무엇이 자아를 구성하는가에 대한 이론을 만들어 냈다. 이는 다음과 같이 설명할 수 있다. '학습이란 우리의 경험 밖에 존재하는 진리를 인식하고, 이를 우리의 발전에 유용하게 활용할 수 있는 능력을 개발하는 것을 의미한다.' 이러한 이론적 관점에서 볼 때, 학습은 정보를 축적하기 위해 타고난 인간의 자질을 개발하는 데 중점을 두게 된다. 인간 주체가 더 많은 정보를 축적할수록 우주의 '진리'를 이해하는 데 더 근접해 갈 수 있다. 이 경우 학습은 상황에 적응하는 것이 아니라 상황을 통제하는 법을 배우는 일이 된다. 따라서 우리 대부분이 어딘가 바깥에 사랑이 존재하며, 사랑을 이루기 위해서는 발달된 지각 능력과 해석 능력을 사용해서 이를 발견해야 한다고 생각하는 것은 놀라운 일이 아니다. 사랑에 빠진다는 것을 이해하는 방식을 바꾸기 위해서는, 인간이 학습하는 방법에 대한 더 이상 유용하지 않은 이론을 버리고 학습에 대한 더 복잡한 이해를 받아들여야 한다.

많은 독자들이 이 소설을 '사랑 이야기'로 해석하지 않을 수도 있지만, 마사 브룩스(Martha Brooks)의 소설 『본 댄스 *bone dance*』(1997)는 기억, 개인사, 문화사의 얽히고설킨 관계에서 어떻게 사랑이 생겨나는지를 보여준다. 캐나다의 매니토바주를 배경으로 한 이 소설은 십 대 청소년인 알렉산드라 싱클레어와 로니 라프레니에르가 어떻게 사랑에 대해 배워가는지를 고찰한다. 알려지지 않은 부모와 가족, 개인적 비밀에 대해 알아가는 여정을 중심으로 전개되는 이 소설은 독자들에게 자신의 경험은 대부분 자신이 만들어낸 것이 아니라 역사에 의해 구성된다는 사실을 일깨워 준다. 이 장에서 내가 제시하고자 하는 주장의 핵심은, 이러한 사랑의 형태가 낭만적 사랑에 대한 통상적인 담론의 방식으로 발전하지 않는다는 것이다.

『본 댄스』는 독자들에게 인간의 의식이 다층적이고 순환적이라는 것을 상기시킨다. 인간의 의식은 영원히 앞으로 나아가는 것이 아니라 기억, 현재의 지각, 미래의 상상이 중첩된 순환고리를 통해 인식의 순간에 도달한다. 책, 사진, 미술, 음악, 편지 등의 문화적 유물은 기억과 역사를 집적하는 역할을 하며, 궁극적으로는 인간의 정체성을 구성하는 기능을 한다. 이 소설은 자의식이 피부로 드러나는 것이 아니라 기억, 역사, 언어, 인간이 만든 물건들, 그리고 '인간 너머의 세계' 사이의 관계 속에서 더 모호하게 존재한다는 것을 보여준다. 인간은 복잡한 관계의 그물망에 관여함으로써 자신을 식별하고 타인에 의해 식별된다. 우리가 "나는 그 사람을 안다" 또는 "나는 나 자신을 안다"라고 말할 때, 실제로는 "나는 그 사람이 세상에 어떻게 관여하고 있는지 알고 있다" 또는 "나는 내가 세상에 어떻게 관여하고 있는지에 대한 일관된 이해를 갖고 있다"라고 말하는 것이다.

물론 관계에 대해 아는 것은 생각만큼 쉽지 않다. 『본 댄스』의 알렉산드라는 열일곱 살의 메티스Métis[3] 여성으로, 백인 아버지 얼 매케이를 한 번도 만난 적이 없다. 하지만 그녀는 어머니가 들려주는 이야기와 간혹 아버지로부터 받는 편지를 통해 그와 관계를 맺고 있다. 아버지의 존재는 주로 이러한 이야기와 편지를 조합한 해석 작업을 통해 만들어졌지만, 알렉산드라에게 아버지와의 관계는 다른 사람들과의 관계보다 더 큰 영향력을 발휘한다.

알렉산드라가 상상하는 아버지와의 관계는 그녀가 자신의 정체성을 형성하는 데 중요한 역할을 한다. 지식의 공백을 극복하기 위해 정보를 발명하는 다른 모든 사람들처럼, 알렉산드라는 자신을 둘러싼 다양한 이야기와 경험을 조합하고 이를 통해 지속적인 자아 정체성을 만들어 낸다. 그녀의 사랑의 파트너인 로니 라프레

---

[3] 캐나다에서 유럽인과 캐나다 원주민 사이에 태어난 혼혈인을 가리키는 말이다.

니에르 역시 자신의 정체성을 형성하기 위해 몇 가지 발명을 해야 한다. 그는 생물학적 친아버지를 전혀 알지 못할 뿐만 아니라 어머니가 새아버지와 결혼한 직후 사망했기 때문에, 생물학적·문화적 유산과의 연결을 위해 가족과 지역 공동체의 이야기에 의존해야 했다.

『본 댄스』의 인물들은 정체성이 현재 알려진 것에서 비롯될 뿐 아니라 현존하지만 드러나지 않은 것에 의해 상당 부분 영향을 받는다는 것을 보여준다. 로니와 알렉산드라 모두에게 가족과 개인의 비밀은 그들이 개인적이고 문화적인 지식을 조직하고 표현하는 방식에 영향을 미친다.

비밀은 영향력이 있다. 5장에서 논의한 바와 같이, 비밀은 우리가 삶을 구성하는 데 있어 강력하게 영향을 미친다. 알렉산드라와 로니에게 비밀의 존재는 일종의 감정적 마비를 일으켜 타인과 직접적이고 깊은 만남을 갖는 것을 어렵게 한다. 감정을 회복하기 위해서는 그들의 경험을 구성하고 있는 비밀에 대해 배우고 그것을 표현해야 한다. 그러나 일반적으로 생각하는 것과는 달리 비밀을 밝힌다는 것은 단순히 진실을 말하는 문제가 아니다. 비밀에 대해 배우기 위한 전제는 통찰력을 개발할 수 있는 조건을 만드는 일이다.

알렉산드라에게 이러한 조건들은 아버지가 남긴 소유지에 방문하기 위해 여행을 떠나는 것으로 만들어진다. 그녀는 아버지가 죽은 후 받은 편지를 통해 아버지가 평생 알코올 중독에 시달렸다는 사실을 알게 된다. 가족의 비밀이 밝혀지면서 알렉산드라는 자신의 삶에서 그가 부재한 이유를 이해하게 된다. 그녀는 그가 말년에 지어 생을 보냈던 오두막에서 혼자 시간을 보내며 더 깊은 통찰력을 얻는다. 알렉산드라에게 이것은 마치 기록물 보관소에 사는 것과 같다. 그러나 이 기록물 보관소를 해석하기 위해서는 몇 가지 새로운 기술을 배워야 한다. 가장 중요하고 어려운 것은 아버지 삶의 세부 사항들을 알아차리는 것이다. 이것은 시각적인 인식에 의존해서는 불가능하다. 단순히 아버지의 소지품을 살펴보는 것만으로는 아버지를 이해할 수 없다. 알렉산드라는 이러한 물건들을 자신의 일상생활에 통합해야 한다는 것을 알게 된다. 문뒤에 걸려 있던 아버지의 가죽 재킷을 입고, 아버지의 주방 도구를 사용하고, 아버지의 의자에 앉아 그가 바라보던 풍경을 보고, 아버지의 발자취를 따라 만들어진 오솔길을 따라 걸으면서 그녀는 아버지와 그의 상황을 이해하게 된다. 아버지에 대한 앎이 깊어지면서 알렉산드라는 새로운 개인적 통찰을 쌓아가기 시작한다. 삶이 죽음과 연결되어 있음을 인식하지 못할 때, 삶이 작게 느껴진다는 중요한 사실을 깨닫게 된 것이다. 알렉산드라는 그녀의 역사 속에서 자신의 위치를 해석해 나가면서 마침내 집으로 돌아온 듯한 느낌을 받는다.

로니의 개인적 화해 프로젝트는 어린 시절의 비밀을 밝혀야 하기에 좀 더 어렵다. 이는 그가 호기심에서 조상들의 무덤에서 뼈를 발굴한 일과 관련이 있다. 이 행동은 어머니의 갑작스러운 죽음 바로 직전에 일어났기 때문에, 로니는 조상들이 무덤을 모독한 것에 대해 자신을 벌한 것이라 믿게 된다. 로니는 이 비밀로 인해 가족과 공동체 안에서 자신의 위치에 대한 불확실성을 갖게 된다. 비밀에 사로잡힌 그는 다른 이들과 깊은 정서적 유대를 형성하지 못한 채 세상을 표류한다. 그는 많은 여성들과 성적 접촉을 하고 남자들과도 가벼운 우정을 쌓지만, 이는 의식의 표면을 스쳐 갈 뿐 깊고 헌신적인 방식으로 뿌리내리지 못한다.

로니의 지속적인 소외 경험에 대해 여러 설명이 가능하겠지만, 나는 그가 겪는 어려움이 대부분, 비밀이 그의 경험을 구성한 기이한 방식에서 비롯되었다고 생각한다. 은밀한 지식으로서 로니의 비밀은 변하지 않으며, 따라서 그 비밀을 중심으로 그가 만들어 낸 작은 이야기들도 변하지 않는다. 현재와 상상적 상황에 따라 끊임없이 변화해 가는 다른 경험 이야기들과 달리, 비밀을 지탱하는 구조는 고정되어 있다. 이러한 고정된 비밀의 구조는 로니의 경험에서 근간이 되어 더 관대하고 유연한 자아 정체성을 만들어 내는 능력을 계속해서 방해한다. 그래서 그는 사랑의 깊은 만족을 경험할 수 없었다. 로니가 사랑에 빠지기 위해서는 자신의 경계를 넓혀 다른 이야기를 수용하는 법을 배워야 한다. 사랑이 이루어지려면 먼저 로니의 비밀에 얽힌 실타래가 풀려야 한다.

『본 댄스』를 통해 독자는 사랑이 역사와 현재 상황에 의해 영향을 받는 것이지, 상대방의 **내면에서** 끄집어내는 것이 아니라는 점을 이해하게 된다. 사랑은 사람들이 서로 발전시키는 관계 속에 존재하는 것이다. 사랑은 흔히 생각하는 것처럼 연인 각자의 이미 알려지고 표현된 정체성을 기반으로 하는 관계가 아니라, 가족 농장을 운영하거나 함께 책을 쓰거나 자녀를 키우거나 공동의 활동을 함께 만들어 가거나 하는 등 각자의 개별적인 자아를 뛰어넘는 어떤 참여적인 일들에서 생겨나는 관계이다. 두 사람 사이의 애정이 모이는 장소가 되는 것은 바로 이런 **공동의 일**이다. 사랑은 연인들이 자신이나 서로에게가 아니라 그 외의 다른 것에 관심을 갖는 것을 필요로 한다. 이는 역설적으로 연인들이 서로에게 관심을 가지고 서로를 돌볼 수 있는 조건을 만들어야 한다는 뜻이기도 하다.

물론 사랑의 관계는 생물학의 영향을 받는다. 성적 매력은 문화의 영향을 많이 받지만, 모든 다른 종과 마찬가지로 인간은 문화적 해석을 뛰어넘는 어떤 이유로 서로에게 끌린다. 그것이 이성 간이든 동성 간이든, 대부분의 인간은 다른 인간에게 종종 강하게 끌린다. 생물학적이고 경험적인 매력 요소가 모여 즐거운 집착으로 변하는 '탐닉'의 시기가 이어지며, 많은 연인에게 이러한 성적 매력은 사랑하는 관계에서의 초석이 된다. 그러나 '탐닉'은 사랑이 아니며, 적어도 모니와 알렉산드라가 경험한 종류의 사랑은 아니다.

탐닉과 사랑의 차이는 다른 이에게 강한 매력을 느끼는 경험과 상대와의 관계에 대한 해석적 이해를 발전시키는 경험의 차이로 설명될 수 있다. 로니가 알렉산드라 이전에 다른 여성들과 경험했던 연애는 관계가 지속되기 위해 상대방이 육체적으로나 심리적으로 항상 존재해야 한다는 전제 조건이 있었다. 로니가 이해하지 못한 것은 사랑이 성적 접촉을 필요로 하는 것이 아니라 무언가 지속적으로 참여할 수 있는 일에 의존한다는 것이었다.

『본 댄스』는 사랑이 발전할 수 있는 조건을 만드는 방법을 배움으로써 사랑을 경험할 수 있음을 보여준다. 무엇보다도 『본 댄스』는 사랑에 빠진다는 것은 언제나 역사적이고 해석적인 문화 행위라는 것을 이해하게 한다. 사랑은 연인들만 모으는 것이 아니다. 사랑은 기억을 포함해 세계에 대한 무수한 애착의 복잡성을 한데 모은다. 사랑에 빠지고자 하는 인간의 강한 욕망은 사실 이기적인 것이 아니다. 사랑에 빠지는 것은 매우 도덕적이고 윤리적인 행위가 될 수 있다. 서로를 돌보고 사랑할 때, 인간은 자신이 세심하게 만들어 놓은 정체성의 경계를 허물어야 한다. 이것은 단순히 다른 사람에게 관심을 기울이는 행위가 아니다. 『본 댄스』의 인물들이 배우듯이, 그것은 매우 영적이고 생태적인 행위이다.

대부분의 대학에서 그렇듯이, 나와 내 동료들은 학생들에게 강의와 교수 능력에 대한 평가를 받아야 한다. 우리 대부분은 이에 대해 복잡한 감정을 갖고 있는데, 내 동료 중 한 명이 말했듯이 강의 평가가 종종 '연애편지'이거나 '증오의 편지'가 되기 때문이다. 과장된 표현일 수 있지만, 나의 경험에 비추어 볼 때 학생들은 대개 교과의 문제와 교사와의 경험적 관계를 분리하지 못한다. 물론 '연애편지'와 '증오의 편지' 범주 사이 어딘가에 존재하는 평가도 존재하지만, 내가 가르친 과목에 대한 학생들의 평가는 이런 식으로 양극화되는 경우가 많았다.

이러한 사랑과 증오의 경험은 대학 상황에만 국한되지 않는다. 나는 사범대학에서 가르치고 있기 때문에, 학습이 어떻게 대인 관계와 감정에 의해 구성되는지 알 수 있는 기회가 많다. 학교에서 초임 및 경력 교사들과 일하면서 이런 사실을 알게 되기도 하지만, 매년 예비 교사들에게 자신에게 중요했던 학습 사건에 대한 이야기를 작성하여 과거의 경험을 비판적으로 성찰하도록 할 때 가장 예리하게 깨닫게 된다. 학생들에게 명시적으로 요청하지 않았는데도 그들은 거의 항상 교사에 대해 쓴다.

수년 동안 학생들이 쓴 이야기를 분석해 본 결과, 대부분의 학생이 공통적으로 교사가 학생들에게 무엇을 배우도록 요구했는지에 대해 말하고 있었다. 사랑받는 교사는 학생들이 특정 과목에 관심을 갖도록 도와주는 듯하다. "저는 윌리엄스 선생님 덕분에 수학을 좋아하게 되었어요." "저는 포드 선생님의 가르침 덕분에 예술가가 되었습니다." "멜링 선생님으로부터 음악을 사랑하는 법을 배웠어요." 학생들은 선생님을 사랑한다고 말하지만, 대부분의 이야기는 선생님을 묘사하는 것이 아니라 선생님이 무엇을 의미 있게 만들었는지를 설명한다.

강의에서 학생들이 좋아하는 선생님에 대한 이야기를 발표할 때, 나는 학생들에게 선생님에 대해 무엇을 기억하는지 물어본다. 그들은 보통 교사가 수업 시간에 무엇을 하라고 했는지에 대해 자세히 이야기한다. 나는 항상 그들이 이러한 관행을 넘어서서 생각하도록 압력을 가한다. "**선생님**에 대해 무엇을 알고 있었나요?" 대부분의 경우 학생들은 교사에 대해 아는 것이 거의 없다. 학생과 교사 모두에게 학교라는 세계는 그 자체로 하나의 세계이며, '학교가 아닌' 세계와 느슨하게 연결되어 있을 뿐이라는 사실을 감안할 때 이는 그리 놀라운 일이 아니다. 학생들은 자신이 좋아하는 선생님에 대해 잘 알지 못하지만 선생님을 사랑한다. 또는 사랑한다고 말한다. 학생들은 자신과 교사가 무언가에 관심을 갖게 되는 것을 좋아하는 듯하다. 그들은 과학 실험실에서 일어나는 일을, 수학 문제를 푸는 도전을 좋아했다. 그들은 역사나 지리에 대해 배운 것을 좋아했다. 그들은 다른 사람과 함께 무언가에 관심을 갖는 것을 좋아했다.

그러나 물론 그 이상의 것이 있다. 학생들이 쓴 좋은 교사에 대한 이야기에는 교사의 호기심에 대한 언급이 포함되어 있다. 이는 보통 이야기의 작성자인 학생에 대한 관심으로 표현된다. "선생님은 나에게 관심이 있었다. 선생님은 나에 대해 알아보기 위해 시간을 할애하셨다." 그러나 자세히 설명해 달라는 요청을 받으면, 대부분의 학생은 선생님이 개인적으로 어떤 것에 관해 물었는지 구체적인 사례를 기억하지 못한다. 대신 공부한 내용과 그것이 어떻게 학생과 관련되어 있는지에 대해 관심을 가졌다는 점만 이야기한다.

나는 예비 교사들이 좋아하는 교사 이야기가 복잡한 애정의 표현이라고 생각한다. 이 이야기들은 학생들이 일부 교사에 대해 강하게 느꼈던 정서적·정신적 유대감을 표현하고 있다. 우리는 이 감정을 사랑이라 부를 수 있을 것이다. 학생들이 표현하는 사랑은 『본 댄스』에서 묘사된 사랑과 다르지 않다. 이는 다른 사람들과 함께 무언가를 만들어 내는 노력에서 나오는 사랑이다.

학생들에게는 충격적인 일일 수 있지만, 나는 훌륭한 교사는 학생들 자체보다 학생들을 가르치는 것을 더 사랑한다고 생각한다. 그것은 교사가 학생들을 돌보지 않는다는 뜻도 아니고, 학생들에게 강한 애착을 갖지 않는다는 뜻도 아니다. 훌륭한 교사는 사람들이 서로에게 헌신하려면 공동의 프로젝트가 필요하다는 것을 이해한다는 의미이다. 교사의 가장 중요한 역할은 학생들이 새롭고 흥미로운 탐구 세계로 들어갈 수 있는 여건을 조성하는 것이다. 또한 훌륭한 교사는 이러한 탐구 세계가 교사에게도 계속 흥미롭게 유지되려면, 그 경계가 교사에게 익숙하지 않은 것을 포함하여 지속적으로 확장되어야 한다는 점을 이해한다. 따라서 좋은 수업은 교사와 학생들이 공동의 탐구 세계로 들어갈 수 있도록 여건을 조성하는 교사의 능력에 달려 있다. 이러한 탐구 세계는 교사가 구성하는 것이지만, 학생들이 알고 있는 것, 그리고 공동의 관심사를 통해 생성된 것까지 수용할 수 있어야 한다. 교사가 자신이 가르치는 주제를 사랑하고 학생들을 그 주제에 대한 탐구로 초대한다면, 교사와 학생 모두 사랑을 경험하게 될 것이다.

『흩어지는 조각들』에서 야콥은 "하나의 풍경을 사랑하는 법을 배운다면, 다른 풍경을 사랑하는 법도 배울 수 있다"(Michaels, 1996: 82)라고 말한다. 풍경을 사랑하는 법을 배운다는 것은 다른 어떤 것을 사랑하는 법을 배우는 것과 마찬가지로 풍경의 세부 사항을 배우고, 그 세부 사항에 관여하는 방식이 흥미롭고 영향력이 있다는 것을 알아차리는 것이다. 불행히도, 익숙함이 세부적인 것들을 가리기 때문에 많은 이들은 익숙해진 풍경을 사랑하지 않는다. 풍경을 사랑하는 법을 배우려면 풍경에 주의를 기울여야 한다.

최근 몇 년 동안 나는 이를 더욱 분명히 알게 되었다. 나는 캐나다 대초원 지역에서 자랐지만, 경작되지 않은 초원을 주의를 기울이며 걷는 법을 배우기 전까지는 대초원을 사랑하지 않았다. 단순히 건강을 위해 걷거나 대초원의 넓은 지평선을 감상하기 위해 걷는 것이 아니라 눈앞에 무엇이 있는지 알아차리려고 노력해야 했다. 물론 건강과 감상을 위해 걷는 것 모두 가치가 있지만, 이러한 활동으로는 무엇이 현재 존재하는가에 대한 의식적인 지각이 이루어지지 않는다. 나는 친구인 패트와 그녀의 래브라도 리트리버인 소피와 함께 대초원을 걸으면서 비로소 그 풍경을 사랑하는 법을 배웠다. 모든 개가 그렇듯이, 소피는 세세한 것들에 관심이 많았고, 나는 그 덕분에 이전에는 보이지 않았던 대초원의 특징을 발견할 수 있었다. 그리고 패트가 토종 식물에 대한 지식을 쌓기로 결심한 덕분에, 나는 대초원 풍경에 대한 새로운 애착과 함께 그에 수반되는 어휘들을 배우고 있다. 대초원의 오솔길을 구불구불 오르내리며 소피가 알아차리는 것에 주의를 기울이면서, 나는 대초원을 사랑하는 법을 배우고 있고 동시에 오랜 친구에 대한 애정도 깊어지고 있다. 풍경과 사랑에 빠지는 법을 배운다는 것은 풍경의 세부 사항에 주의를 기울이고 이에 대해 배운다는 것을 의미한다. 이러한 일을 누군가와 함께하면 다른 사람들에 대한 애정이 더욱 깊어질 수 있다.

이러한 주의력과 분별력의 기술은 텍스트에 대한 참여 활동을 통해 길러질 수 있다. 제인 갤럽(Jane Gallop)은 『자세히 읽기의 윤리 The Ethics of Close Reading』(2000)에서 자신이 대학생들에게 가르치는 자세히 읽기 활동을 설명하고 분석한다. 그녀는 여러 가지 흥미로운 논의를 제기하고 있지만, 이 장에서 내가 제시하는 주장과 가장 관련이 있는 것은 저자가 쓴 텍스트의 표지mark에 주의를 기울이는 것이 중요하다고 강조하는 부분이다. 갤럽은 일반적으로 학생들이 잘 주목하지 않는 텍스트의 세부 사항(각주, 반복되는 문구,

이미지 등)을 찾아내고 해석하도록 요구한다. 이는 모든 교사가 해야 할 일로, 학생들이 알아차리지 못할 수도 있는 세계의 어떤 측면에 집중하게 하는 것이다. 갤럽은 학생들이 세부 사항에 주의를 기울이며 텍스트의 지형 topography 을 배우도록 하고자 한다. 그녀는 학생들에게 텍스트와 사랑에 빠지라거나 그녀와 사랑에 빠지라고 요구하지 않는다. 학생들은 텍스트의 지형이 지닌 특수성을 알아차리고 해석하는 법을 배우면서 이전에는 활용하지 못했던 흥미로운 해석의 가능성을 만들어 낸다.

물론 본문의 세부 사항을 알아차리는 법을 배운다는 것은 본문을 여러 번 주의 깊게 읽어야 한다는 것을 의미한다. 중요한 것은 시간을 두고 지속적으로 다시 읽어야 한다는 것이다. 이러한 다시 읽기 활동은 텍스트 외적인 삶의 경험이 반복적인 텍스트에의 참여를 통해 구조화되도록 해준다. 텍스트 풍경의 세부 사항에 몰입하면 삶의 다른 풍경이 더 흥미로워진다. 신기하게도, 텍스트의 세부 사항을 주의 깊게 들여다보면 텍스트에 대한 깊은 애정이 생겨난다. 앤 마이클스가 말한 바와 같이, 다른 풍경을 사랑하기 위해서는 먼저 하나의 풍경을 사랑하는 법을 배워야 한다. 인간의 정체성을 깊이 알기 위해 먼저 그 정체성이 지닌 지형의 세부 사항을 인식해야 한다면, 사랑에 빠지고 사랑의 상태를 지속하기 위해서는 다른 사람과 맺는 관계의 세부 사항을 알아차리고 해석하는 법을 배워야 한다. 모든 해석 행위와 마찬가지로, 사랑에 빠지는 법을 배우려면 어느 정도의 경험과 학습된 기술이 필요하다.

문학적 참여는 이러한 해석 기술 중 일부를 학습할 수 있게 한다. 문학 작품 속 인물과 동일시하는 법을 배운다는 것은 그들이 독자와 동일하지 않음을 배운다는 것을 의미한다. 또한 문학 속 인물들은 텍스트를 읽을 때마다 동일하게 묘사되기 때문에 독자가 자신의 인식이 어떻게 계속 변화하는지 알아차릴 수 있는 기회를 제공한다. 그러나 문학과의 동일시를 통해 얻을 수 있는 깊은 학습과 통찰을 위해서는 독자가 헌신적이고 세심하며 지속적으로 문학적 참여를 해야 한다. 이상적으로 말한다면 독자는 텍스트를 대충 훑어보지 않고 천천히 주의 깊게 읽으면서 세부 사항들이 어떻게 문학적 효과를 창출해 내는지에 주목해야 한다. 이는 또한 독자가 텍스트를 다시 읽어야 한다는 의미이기도 한데, 텍스트의 친숙한 특징들은 일반적으로 처음 읽을 때는 볼 수 없기 때문이다. 텍스트의 지형을 더 깊이 있게 해석하기 위해서는 여러 번의 탐구가 필요하다.

이러한 자세히 읽기 활동을 통해 독자는 인식을 형성하는 세부 사항에 주의를 기울이는 방법을 배울 수 있다. 독자는 이를 문학 속 인물에 대한 애착으로 경험하겠지만, 실제로 경험하는 것은 그러한 관계를 주관하는 것, 즉 개인적 통찰력이 생성되는 해석의 장에 대한 애정이라고 할 수 있다.

사랑에 빠지는 법을 배운다는 것은 세부 사항에 지속적으로 관심을 기울여야 하는 프로젝트에 누군가와 함께 참여하는 것을 말한다. 사랑을 유지하는 것은 대상에 대한 어느 정도의 해석적 관심을 유지하는 것이다. 익숙함은 세부 사항에 대한 인식을 흐릿하게 만들기 때문에, 사랑을 유지하는 것은 새로운 해석적 도전을 위해 익숙해진 것을 의도적으로 방해하는 것이다. 사람들은 종종 지루해하거나 불안해하거나 또는 사랑으로부터 벗어나는데, 이는 서로를 흥미롭게 하는 세부 사항이 보이지 않게 되기 때문이다. 문학 속 인물이나 풍경, 주제, 다른 사람들과 사랑에 빠지려면, 그러한 관계가 어떻게 조건화되고 구조화되는지에 대한 세부 사항에 관심을 기울이는 지속적인 노력이 필요하다. 관계의 세부 사항을 더 이상 인식하지 못하게 되면 강한 감정을 유지하기 어렵다. 강한 감정이 회복되기 위해서는 익숙함이 방해받는 것이 중요하다. 때로는 누군가가 우리가 이전에 알아차리지 못했던 것을 가리켜야 한다는 것을 의미한다. "저것 좀 봐! 흥미롭지 않아?"

때로는 지나치게 익숙해서 보이지 않게 된 어떤 것에 주목할 필요가 있다. 물론 이것은 항상 예술 작품이 하는 역할이었다. 역사적으로 볼 때 예술 작품은 인식을 방해하기도 하고 확대하기도 한다. 가령 시가 시가 되려면, 독자가 어휘와 표현 형식에 주의를 기울이도록 해야 한다. 예술 작품들은 "나는 시다. 나는 당신이 알고 있는 단어들로 이루어져 있지만, 새로운 방식으로 그 단어들에 주목해 주기를 바란다"라거나 "나는 그림이다. 당신이 나무라고 알고 있는 것을 그린 그림이지만, 이전에는 눈치채지 못했던 '나무다움'의 세부 사항에 주목해 주었으면 좋겠다"라고 말한다.

예술 작품으로서 문학은 독자에게 문학적 참여의 경험을 구성하는 세부 사항에 주의를 기울일 것을 요구한다. 그렇게 함으로써 문학 텍스트는 독자가 작가와 작가가 창조한 인물들과 함께 새로운 것을 배우는 지속적인 프로젝트에 참여하는 가능성을 만들어 낸다. 문학 텍스트가 그 역할을 잘 수행하려면 독자는 텍스트의 세부 사항에 주의를 기울이고, 주의 깊게 읽고, 읽은 내용에 대해 생각하고, 이것이 무엇을 의미하는지 궁금해하고, 다시 읽고, 다시 읽는다는 것이 인물과 그 상황에 대한 참여에 어떤 영향을 미치는가에 대해 생각해야 한다.

많은 사람들이 사랑에 빠지기 위해서는 **어떻게** 사랑에 빠지는가를 배워야 한다는 사실을 잊고 있다. 소수의 대상과 헌신적이고 지속적인 관계를 발전시키는 것보다 많은 정보에 접근하는 것이 더 가치 있다고 생각하는 세상에서는, 어떤 대상이나 사람과 사랑에 빠지는 것이 더욱 어려워진다. 읽지 않은 새 책을 읽을 수 있는데 왜 책을 다시 읽는단 말인가? 강력한 검색 엔진을 사용하면 인터넷에서 무제한으로 정보에 접근할 수 있는데 왜 한 명의 교사와 공부해야 하는가? 새롭고 흥미로운 사람들과 온라인에서 무수히 많은 만남을 가질 수 있는데 왜 한 사람을 사랑하는 법을 배워야 하는가?

타인과 사랑에 빠지는 법을 배우는 한 가지 방법은 다른 것들과 사랑에 빠지는 법을 배우는 것일 수 있다. 지넷 윈터슨이 에세이집 『아트 오브제Art Objects』(1995)에서 제안한 것처럼, 박물관에서 모든 그림을 서둘러 보는 것보다 한 폭의 그림과 시간을 보내는 법을 배우는 것이다. 샤론 부탈라(Sharon Butala)가 『아침의 완벽함 The Perfection of the Morning』(1994)에서 말한 것처럼, 풍경의 세부 사항에 관심을 기울이고 배움으로써 풍경을 사랑하는 방법을 배우는 것이기도 하다. 캐슬린 노리스가 『다코타Dakota』(1993)에서 말했듯이, 인간의 지각과 사고가 인간이 만든 사물에 의해 만들어질 뿐 아니라 인간이 만든 것이 아닌 세계에 의해서도 영향을 받는다는 사실을 아는 것이다. 불교 승려 틱낫한이 『모든 발걸음마다 평화』(1991, 국:2021)에서 제안한 바와 같이, 자신의 호흡을 명상하며 마음의 끊임없는 소음을 가라앉히려고 노력하는 것을 의미하기도 한다.

나는 문학 작품과의 관계를 발전시키면서 사랑에 대한 교훈을 배웠다. 등장인물과 그들의 상황에 대한 나의 애착에 대해 읽고 다시 읽고 생각하면서, 나는 내 상황을 더 잘 이해하는 데 도움이 되는 '초점 행위'를 수행했다. 나는 다른 사람이나 나 자신을 직접 연구함으로써 사랑에 빠지는 법을 배운 것이 아니다. 내가 그들을 사랑할 수 있었던 것은 나 자신의 서두르지 않는 면밀한 독서 행위가 나의 경험을 둘러싸고 있는, 평소에는 눈에 띄지 않았던 세부 사항을 알아차리도록 해주었기 때문이다. 그렇게 함으로써 사랑은 발견할 수 있는 것이 아니며, 만들어질 수 있는 대상도 아니라는 것을 배웠다. 사랑은 내가 다른 사람들과 공동으로 하는 일로부터 생겨난다.

7장

정체성 해석하기 3:
가능성의 공간 확대하기

3장, 5장과 마찬가지로, 이 장에서는 주로 인간 정체성의 복잡성을 검토하고, 이러한 복잡성이 어떤 방식으로 특정한 행위에 의해 생성되고 해석되는지에 주목하고자 한다. 처음 두 개의 경험 기술적 텍스트와 마찬가지로, 나는 소설을 읽으면서 나의 해석이 발전해 갈 수 있는 공통 공간을 만들었다. 마크 살츠만의 『아름다운 선택』(2000, 국:2001)을 읽고 또 읽었을 때, 나는 고등학교 시절 참석했던 가톨릭 피정避靜[1]에서 수집한 물건들을 살펴보고, 특정한

---

1   가톨릭에서 일상에서 벗어나 묵상과 기도 등 종교적 수련을 하는 일을 말한다.

의례가 어떻게 기존의 익숙한 인식들을 뒤흔드는 조건을 만들어 낼 수 있는가 궁금하게 되었다. 이 장에서 나는 의례가 어떻게 익숙함을 깨뜨리고, 인간의 가능성의 공간을 넓히는가를 자세히 설명하고자 한다.

이 글을 쓰면서 나는 결론을 내리고 싶은 충동을 느꼈다. 특히 의례의 중요성, '신비mystery'의 의미 또는 묵상의 가치를 시사하는 이 장의 주요 내용을 다시 한번 강조해야겠다고 생각했다. 그러나 결국 나는 이 글이 '가능성의 공간을 확대'하기 위해서는 해석의 순환을 완결 지으려는 충동을 억제해야 한다고 결정했다. 소설가가 등장인물을 통해 어떤 아이디어를 구현하지만, 그 인물들은 어느 순간부터 작가만큼이나 독자에 의해 해석되기 시작하듯이, 이 장 또한 독자의 참여 없이는 완결될 수 없는 사유의 일부로서 제시하고자 한다.

1976년 3월, 앨버타주 레스브리지. 나는 주말을 맞아 가톨릭 피정장소로 바뀐 고등학교의 촛불이 켜진 복도를 걷고 있다. 행렬에는 12학년 학생들, 학교 교사인 수녀님 몇 분, 신부님 한 분 등 약 30명이 함께하고 있다. 우리는 〈나를 평화의 도구로 쓰소서〉라는 성가를 부르며 예수님의 십자가에 못 박히심과 부활의 여정을 묘사한 〈십자가의 길〉 그림 앞을 지나고 있다.

각 지점마다 우리는 발걸음을 멈추고 조용히 선다. 그때마다 와트린

신부님이 그림에 쓰인 성구를 읽는다. 이 의식이 진행되는 동안 어느 순간부터 방향 감각이 흐려지고 어지러움을 느끼기 시작한다. 이것이 무엇을 의미하는지 잘 모르겠다. 기절하려는 것일까? 이 느낌은 내 몸 전체를 관통하는 감정의 소용돌이가 된다. 이것이 예수님이 나에게 말씀하시는 것인지도 모른다. 아니면 그냥 지친 것일까? 어쩌면 이틀 동안 TV도 라디오도 시계도, 외부와의 아무런 접촉도 없이 실내에 갇혀 지내면서 수면 부족과 함께 낯선 의식에 계속 참여하다 보니 현기증이 났던 것 같다. 어쩌면 환각을 보는 것일 수도 있다. 신의 개입 때문인지, 아니면 단순히 피로 때문인지 모르겠지만, 나는 만족스럽고 행복하다.

다음 날 아침, 나는 활력이 넘친다. 전날 밤의 경험이 아직도 신체적으로 계속 느껴진다. 누구와도 이야기하지 않았지만, 동료들도 수련회 마지막 날을 기대하며 흥분하고 있음을 알 수 있다. 뭔가 엄청난 일이 일어났다는 생각이 들기 시작한다.

2001년 1월, 앨버타주 에드먼턴. 나는 마크 살츠만의 소설 『아름다운 선택』을 읽고 있다. 가르멜 수녀회 요한 수녀의 이야기다. 여러 해 동안 종교적 은둔 생활을 한 후 요한 수녀는 마침내 영적인 경험을 하고 이를 표현하고 해석하는 방대한 양의 글을 쓸 수 있게 되었다. 영적이고 문학적인 능력이 절정에 달했을 때 요한 수녀는 심한 편두통을 느끼게 되는데, 이것이 대뇌피질의 작은 종양으로 인한 희귀한 형태의 간질 때문임을 알게 된다. 통증 외에도 다른 흔한 증상으로는 강박적인 많은 양의 글쓰기, 감정 반응의 격화와 침잠, 종교와 철학에 대한 강박적 관심 등이 있다는 것도 알게 된다. 간질 환자인 도스토옙스키가 이러한 증상을 겪었고, 반 고흐, 테니슨, 프루스트도 같은 증상을 겪은 것으로 추정된다. 증상을 안고 살아가는 법을 배웠던 이 역사적 인물들과 달리 요한 수녀의 경우에는 비교적 간단한 수술로 증상을 유발하는 간질 발작을 없앨 수 있었다. 물론 이와 관련된 신체적 고통을 없애는 것은 요한 수녀가 영적인 경험이라 여겼던 경험을 포기하는 것을 의미하며, 동시에 그것에 대해 글을 쓰는 능력도 사라지게 됨을 의미하는 것이었다.

요한 수녀에 대해 읽으면서 나는 팔의 털이 곤두서는 느낌을 받았다. 나에게는 편두통이 있다. 흐릿한 하얀 편두통의 폭풍에서 깨어나고 나면, 신과의 관계에 대해 글을 쓰지는 않지만 현재 진행 중인 글쓰기 작업에 새로운 초점을 맞출 수 있게 된다. 보통 편두통이 지나가고 나면 생각의 매듭을 풀 수 있는 통찰력이 생겨나곤 한다. 혹시 내가 뇌종양에 걸린 것은 아닐까 하는 생각이 든다. 검진을 받아야겠다고 결심한다. 하지만 요한 수녀처럼 대뇌피질에 무언가 생겨나 있어 그것이 창의적인 작업을 위한 조건을 만드는 데 도움이 되는 것이라면, 그것을 제거하고 싶지 않다. 읽기와 쓰기를 할 수 없다면 나의 경험을 어떻게 정리할 수 있겠는가?

2001년 1월, 앨버타주 에드먼턴. 나는 『아름다운 선택』을 읽은 경험에 관해 쓰고 있다. 또한 이 문학적 경험과 요한 수녀의 간질 및 예수와의 관계, 그리고 고등학교의 마지막 해에 참석했던 가톨릭 피정에서 친구와 친척들로부터 받은 편지를 최근에 다시 읽은 경험 사이의 연결점을 찾고 있다. 자판을 두드리는 동안 화면에 나타나는 단어들에 최면이 걸린 듯한 기분이 든다. 나는 들뜬 기분을 느낀다. 해석적 글쓰기를 하는 이 순간에 내가 경험하는 신체 반응은 좋아하는 책을 읽다가 어떤 통찰력을 얻었을 때 느끼는 반응과 거의 동일하다. 이러한 책들은 주로 소설이지만, 회고록, 철학적 논증 또는 이론서인 경우도 많다.

1976년 3월, 앨버타주 레스브리지. 피정이 끝났고 새아버지가 나를 집으로 데려다주었다. 태양은 너무 밝고, 거리는 너무 넓다. 나는 피정의 친밀함이 그리워진다. 집에 도착하자마자 피곤하다는 핑계를 대고 곧바로 내 방으로 들어간다. 사실 피곤하지는 않다. 침대에 앉아 편지를 다시 읽는다. 내 방이 작고 어수선하다는 것을 불현듯 깨닫는다. 처음으로, 이것은 충분하지 않다는 생각이 든다. 위층에서 어머니와 새아버지가 사소한 일로 다투는 소리가 들린다. 나는 그들의 관계의 그물에 걸린 듯한 기분을 느낀다. 동시에 그들과 내가 공유하는 환경에 대한 애착이 줄어드는 느낌이 든다. 이것은 나에게 만족감을 준다. 이 가족, 이 집의 세계를 떠나지 않고도 벗어날 수 있다는 것을 알게 된다. 가능성의 공간이 넓어진 것 같아 감사한 마음이 든다. 피정으로부터 떠나오기 전에 카드에 옮겨 적었던 성경 구절을 다시 읽는다. 눈에 보이는 것만이 아니라 상상하는 것을 믿기로 결심한다. 그때는 몰랐지만, 지금은 그 통찰이 내 생명을 구해주었을 수도 있다는 것을 깨닫는다.

2001년 1월, 앨버타주 에드먼턴. 요한 수녀라는 인물과의 만남을 통해 나는 고등학교 종교 피정의 긍정적 효과는 인간이 신이라고 부르는 존재에 의해 만들어진 것이 아니라, 오히려 익숙한 세계에서 벗어나 '신비'와 필요한 관계를 창출하기 위한 조건에 의해 만들어진다는 것을 이해하게 되었다. 그 시절을 돌이켜 보면 이 피정을 조직하고 그 구조를 만든 교사들의 대담함에 놀라움을 금치 못하게 된다. 확실한 무언가(나는 누구와 결혼할까? 누가 나를 사랑해 줄까? 나는 어떤 직업을 갖게 될까? 나에게 상처를 주는 사람들에게 어떻게 대응해야 할까?)를 찾고자 했던 어린 시절의 우리들이 불확실성의 품에 던져진 것이다. 종교 피정이 다른 종류의 확신(신을 사랑하고 그분의 뜻에 자신을 맡기면 평안과 행복을 찾을 수 있을 것이다)을 가져다준다고 주장할 수도 있겠지만, 피정에 참여해 보고 나서 나는 그 반대가 사실임을 알게 되었다. 영성의 세계는 인간에게 보이지 않고, 인간이 알 수 없고 표현할 수 없는 것을 믿으라고 요구한다. 이는 현대인에게 확실성에 대한 생각을 포기하라고 요구하는 것과 같다.

영성에 복종해야 한다는 도전은 기독교인에게만 국한된 것이 아니다. 예수나 부처, 모하메드의 가르침을 중심으로 영적인 삶을 형성하든 그렇지 않든, 내가 생각하는 생산적인 영성의 핵심은 사람이나 영적 존재, 또는 일련의 교리에 대한 숭배에 있는 것이 아니라, 인간이 알 수 없는 것 혹은 적어도 인간이 묘사하거나 완전히 해석할 언어를 찾을 수 없는 것이 존재한다는 일상적인 믿음에 있다.

1976년 3월, 앨버타주 레스브리지. 피정 장소에 도착한 지 24시간이 지난 토요일 밤이다. 나는 기분 좋게 피곤하다. 기도와 찬송, 묵상으로 가득한 온전한 하루였다. 성서 읽기, 감상 쓰기, 묵상하기, 고요히 앉아 있기 등 혼자서 여러 가지 일을 수행했다. 이러한 고립과 함께 공동 식사, 단체 미사 및 기도회, 그리고 올해 초 피정에 참여한 동료 학생들의 간증 시간에 참석하는 시간도 가졌다.

아마도 평소 같았으면 집에서 TV를 보거나 동네 슈퍼마켓에서 제빵 도우미로 일하거나 친구들과 파티를 했을 시간에, 나는 내가 아는 여러 사람이 나에게 쓴 편지 꾸러미를 받는다. 나는 깜짝 놀란다. 우리는 이 편지를 각자의 조용한 공간에서 읽고, 그 내용이 우리에게 어떤 의미인지 깊이 생각해 볼 것을 요청받는다.

2001년 1월, 앨버타주 에드먼턴. 피정에서 이 편지들을 받고 읽은 느낌에 대해 글을 쓸 준비를 하면서, 나는 한 시간 동안 편지들을 다시 읽었다. 내게는 열여덟 통의 편지가 있는데, 또래 친구들이 쓴 편지와 선생님, 그리고 다른 어른들이 쓴 편지로 나뉜다. 그중에는 당시 사귀던 소녀의 어머니로부터 받은 편지가 있다. 그녀는 종교적인 시 한 편을 손수 써 동봉해 주었는데, 편지에는 그녀의 딸에게 신경을 많이 써 줘서 고맙다는 내용이 담겨 있었다. 새아버지로부터 받은 편지도 있는데, 대부분 다른 글을 베껴 쓴 산문으로, 마지막에 그가 쓴 문장이 하나 덧붙어 있었다. 열심히 일하라고 또 잘하라고 격려하는 내용이었다. 어머니가 편지를 쓰지 않은 것에 대해 실망하면서도 안도했던 기억이 난다. 또 한 통의 편지는 친구가 보낸 것인데, 다른 이들의 뜻에 너무 쉽게 순응하는 나를 꾸짖는 내용이었다.

선생님들로부터도 몇 통의 편지를 받았는데, 그중 하나는 내가 잘 알지 못하는 학교 사서 선생님에게서 온 것이었다. 그녀는 영성의 의미에 대한 자신의 해석에 관해 썼다. 1976년에 내가 그에 대해 무슨 생각을 했는지는 살 기억나지 않는다. 오늘 나는 그녀의 문장 중 하나에 깊은 인상을 받았다. "우리 삶에서 주님을 찾는 두 가지 중요한 태도는 침묵과 기쁨입니다." 글쓰기가 나에게 준 선물 중의 하나는 글을 쓰고 읽고 생각하는 하루의 몇 시간 동안 스스로를 고요함 속에 격려할 기회를 준다는 것이다. 하지만 '기쁨'이라는 단어는 나의 경험을 묘사하는 데 사용되는 단어가 아니다. 나는 내가 행복한가 하고 고민해 보며, 아마도 그런 듯하지만 그것을 표현할 언어를 찾지 못하고 있다는 결론을 내린다. 반면에 '기쁨'은 '환희' 또는 프랑스어 '주이상스 jouissance'와 같은 단어로 즐거움, 감사, 축하와 유사한 느낌을 준다.

또 한 통의 편지는 나의 1학년 담임 선생님이었던 메리 루이즈 수녀님으로부터 온 것이었다. 그녀는 결국 수녀원을 떠났다. 이 편지를 다시 읽으면서 아마 그분은 육십 대 중반쯤 되었으리라 생각해 본다. 수녀님의 얼굴과 손만 또렷이 기억하는데, 아마도 매일 입으시던 검은 옷에 가려져 나머지는 보이지 않았기 때문일 것이다. 여섯 살이었던 내 눈에 메리 루이즈 수녀님은 완벽함의 화신처럼 보였다. 나는 수녀님을 사랑했다. 1학년 말에 받은 '가장 발전한 학생상'은 그녀를 기쁘게 하기 위한 나의 노력의 결실이었다. 2학년으로 진급하면서 새로운 선생님을 만났지만, 나는 방과 후 매일 메리 루이즈 수녀님을 찾아가 소소한 일들을 도왔다.

이 편지들을 읽으면서 12학년 시절이 왜 놀라웠는지, 왜 그 경험과 그 시기에 알았던 사람들에 대해 강한 애착과 헌신을 계속해서 느끼는지 이해할 수 있게 되었다. 눈으로 볼 수 없거나 인간의 언어로 설명할 수 없는 것, 즉 돌봄과 사랑, 배려의 윤리로 구성된 것을 중심으로 관계를 형성하려는 선택을 통해 우리는 일상의 확실성을, 그리고 개인적 발전에만 집중하라는 일반적 명령을 끊임없이 깨뜨리는 방법을 배웠다.

나는 가톨릭 신자는 아니지만, 인간 주체의 우월성을 믿지 않는 것이 중요하다는 깊은 신념을 갖고 나의 삶을 영위해 왔다. 이는 인간이 자신의 경험 세계에 참여하면서 동시에 그 참여의 충만함을 온전히 그리고 주의 깊게 인식할 수 없음을 기억한다는 것을 뜻한다. 연구와 개인적 경험을 통해 얻은 통찰력을 활용해 내 경험에 설명과 해석을 부여할 수는 있지만, 이러한 경험은 대부분 내가 알아차리지 못한 것에 의해 구성된다는 것도 잘 알고 있다. 인간이 효율적으로 제 역할을 하기 위해서는 자신의 현재 맥락을 잘 이해해야 한다고 일반적으로 생각하지만, 일상적 경험의 대부분은 상상력과 발명 행위를 통해 유지된다. 가령 내가 사는 도시를 가로지르는 고속도로에서 운전할 때, 나는 다른 사람들이 무엇을 하고 있는지, 무슨 생각을 하는지 알 수 없으며, 다음 모퉁이에 무엇이 있는지도 알 수 없다. 도로의 규칙은 내가 안전하게 운전할 수 있는 조건을 만들어 주지만, 모든 운전자와 마찬가지로 나도 믿음과 발명 행위에 의존한다. 인간의 모든 대화 행위와 마찬가지로 의미는 대화 교환의 춤을 통해 끊임없이 변화하며(Gadamer, 1990), 공동 활동은 구조적 관계의 지속적인 진화를 필요로 한다(Maturana & Varela, 1987). 자신의 경험에 영향을 미치는 모든 것을 알지 못한 채 앞으로 나아가야 한다는 것은, 인간이라는 존재가 어떤 계획 안에 있는 것이 아니라 언제나 우연적이라는 것을 의미한다.

1997년 5월, 브리티시 컬럼비아주 토피노. 교사연구회 수련회 셋째 날 저녁이다. 동료인 레베카 루스-캐플러가 짠 프로그램에 따라 우리는 글을 썼고, 지금 그 글을 모임 사람들 앞에게 큰 소리로 읽고 있다. 최근 성전환 수술을 받은 테리는 우리의 오두막이 위치한 밴쿠버섬 서쪽 해안의 북미 열대 우림의 작은 자연 공간을 사랑한다는 글을 썼다. 그녀의 글은 우리 유럽계 백인이 이 땅에 대한 소유권을 가진 최초의 사람들이 아니라는 사실을 일깨우며 깊은 감동을 준다. 다른 사람들이 시, 자전적 이야기, 지난 며칠 동안 생각해 온 아이디어에 대한 글을 읽을 때, 나는 우리가 서로에 대해 얼마나 강렬하게 관여하고 있는지를 알고 놀라움을 느꼈다. 수련회 전 2년 동안 한 달에 한 번씩 하루 종일 모임을 가졌지만, 오늘 밤이 되어서야 우리는 우리의 경험을 이해하고 표현하는 새로운 방법을 찾은 듯하다.

우리는 나무판자로 만든 촛불이 켜진 방에 앉아 있다. 문밖에 펼쳐진 바다의 작은 파도 소리를 들으며 각자의 통찰력을 담은 글을 읽는다. 내가 쓴 글을 읽으면서 동료들에 대한 새로운 애정을 느낀다. 그리고 다른 사람들의 얼굴을 보면서 그들에게도 같은 일이 일어나고 있다는 것을 깨닫는다. 아무도 안절부절못하거나 그저 자신의 차례가 오기만을 기다리거나 하지 않는다. 모두 집중하고, 다음 단어가 이어지기를 기다리며, 그 단어가 무슨 뜻인지 궁금해한다. 읽기가 끝나면 우리는 마법을 깨고 싶지 않아 고요히 긴장한 채로 앉아 있다.

이 프로그램이 공개적인 발표로 망가지기 전에 개인적인 해석이 필요하다는 것을 안 레베카는 조용히 우리에게 공책을 가져와 30분 동안 글을 쓰라고 한다. 그녀는 우리에게 무엇을 써야 하는지 말하지 않지만, 우리는 글을 쓰라는 지시가 단순히 공책을 펴서 쓰기 시작하라는 의미라는 것을 이해한다. 글쓰기 행위 그 자체가 배워야 할 것을 배우는 행위임을 우리는 배웠다.

오두막을 떠나는 아침, 우리는 다른 사람이 되어 있었다. 지난 며칠간 우리가 공유한 삶의 경험은 이전에는 존재하지 않았던 공동의 유대감을 형성했는데, 우리의 해석 행위와 이를 조건화하는 의식은 우리를 서로에게 낯설게 만들기도 했다. 우리는 조용하고 잠잠하다. 새로 얻은 통찰력을 갖고 이전의 삶으로 돌아가고 싶지만, 동시에 이러한 통찰력을 얻을 수 있었던 조건들을 뒤로하고 떠나는 것도 내키지 않는다. 하지만 내가 이곳에 머문다면 그 조건들은 빠르게 증발할 것이다. 그 조건들을 가능하게 한 것은 이곳이 집이 아니고, 내 동료들은 나와 주된 관계를 이루지 않으며, 우리가 공유한 글쓰기 의례는 집에서 글을 쓰는 것과 같지 않기 때문이다.

1987년, 생물학자이자 인지 이론가인 움베르토 마투라나와 프란시스코 바렐라는 『앎의 나무』(1987, 국:2007)라는 작지만 혁명적인 책을 출간했다. 이 책은 진화 생물학의 최근 발견과 철학적 통찰을 바탕으로 마음이 인간의 뇌에만 국한되지 않는다고 주장한다. 몇 년 후 바렐라는 에반 톰슨, 엘리노어 로쉬와 함께 출간한 저서 『몸의 인지과학』(1991, 국:2013)에서, 마음에 대한 이러한 관점이 최근의 과학 연구뿐 아니라 고대 동양의 지적 전통, 특히 불교를 통해 어떻게 뒷받침되었는지 포괄적으로 설명한다.

이 책에서 저자들은 인간의 일상적 경험에서 신체와 정신이 서로 분리될 수 없음을 학문적으로 밝힌다. 또한 인간의 개별적이고 생물학적인 신체는 사회적·문화적·인식론적으로 다른 신체들과 밀접하게 얽혀 있음을 밝히고 있다. 이들의 연구는 인간의 학습을 탐구하기 위해서는 학습자가 이러한 상호 연관된 시스템에 참여하는 복잡한 양상을 포착하려고 노력해야 한다고 제안한다. 독자가 된다는 것이 무엇을 의미하는지를 깊이 이해하려면 단순히 독자, 읽은 텍스트, 또는 읽기의 맥락을 연구하는 것만으로는 부족하다. 이들 간의 복잡한 관계를 연구해야만 한다.

이를 위해서 교수자들은 저마다 다른 방법을 사용한다. 나의 친구이자 동료인 패트 추크릭은 수업의 첫 30분 동안 두 사람씩 짝을 지어 서로 인터뷰를 하는 것으로 연구방법론 수업을 시작한다. 그런 다음 서로를 볼 수 없도록 나란히 앉게 한 후 상대방에 대한 세부 정보를 나열하도록 한다. 눈은 무슨 색인가요? 귀걸이를 했나요? 어떻게 생겼나요? 셔츠를 입었나요, 스웨터를 입었나요? 청바지 아니면 치마? 구두 아니면 운동화? 대부분의 학생은 상당히 부정확한 묘사를 한다. 지각하고 기억하는 것은 대개 실제 존재하는 것과 거의 관계가 없다. 이것은 연구 실행에 관한 교훈일 뿐만 아니라 독서에 관한 교훈이기도 하다. 잘 알려진 바와 같이 독자는 제시된 논거가 충분하지 않은 경우에도 자신의 해석과 소망을 텍스트에 투영하는 경향이 있다. 이는 모든 일상에서 그렇다. 사물은 '있는 그대로' 보이는가, 아니면 인식하는 이가 원하는 대로 인식되는가?

인지과학의 최근 연구에 따르면(Norretranders, 1998; Pinker, 1997; Sacks, 1995), 지각할 수 있으려면 버리는 과정을 배워야 한다. 인간은 무엇을 볼 때든 일반적으로 우리가 기대하는 것을 보게 되므로 놀라움을 느끼기는 매우 어렵다. 새로운 것을 알아차리는 법을 배운다는 것은 평상시에 무시해 왔던 것을 배경으로부터 구별해 낸다는 것을 의미한다. 그렇기 때문에 우리보다 풍경에 더 익숙하거나 덜 익숙한 사람과 함께 산책하는 것은 매우 흥미로운 일이다 (Butala, 1994; Norris, 1993). 특정한 풍경의 세부 사항에 대해 배우기로 한 사람들은 정보에 입각한 세부적인 내용을 제시할 수 있다. "이 식물은 창풀입니다. 이것은 버팔로꽃이네요." 풍경을 처음 접하는 사람들은 보통 더 큰 것에 주목한다. "나무가 너무 많아서 하늘이 보이지 않아요!"라고 하거나, 대초원 풍경을 처음 접하는 사람들이 흔히 말하는 것처럼 "여기 서 있으면 어지러워요. 모든 것이 똑같아 보여요!"라고 말한다.

   인간은 단순히 보이는 것을 '보는' 것이 아니라 보는 법을 배운다. 이때 가장 중요한 것은 자신의 주변 세상에서 대부분을 '보지 않는' 방법을 배우는 것이다. 이렇게 학습된 버리기 과정을 통해 우리는 지치지 않고 일상의 세계에 적응할 수 있다. 버리는 과정이 없다면 매일매일이 낯선 곳을 방문하는 경험일 것이며, 여행자라면 누구나 알 수 있듯이 상당한 에너지가 소모될 것이다.

   그러나 비교적 수월한 일상생활을 위한 이러한 조건 형성에서 문제가 되는 것은 익숙함이 종종 흥미로운 것을 알아차릴 가능성을 희미하게 만든다는 점이다. 그루멧(1991b)이 말한 바와 같이,

익숙함을 중단시키고 세계의 특정한 측면에 주목하게 하는 것이 교사의 주요한 역할이다. 또한 갤럽(2000)이 제안한 바와 같이, 세부 사항에 대한 이러한 주의력은 반드시 학습되어야 한다.

최근 몇 년 동안 나는 사범대학 학생들에게 낡은 신발에 대한 글을 쓰도록 하고 있다. 학기 초에 학생들에게 자신의 낡은 신발 한 켤레를 가방에 넣어서 수업에 가져오도록 한다. 그리고 그 신발을 다른 이들에게 보여주지 말라고 당부한다. 그런 다음 신발을 재분배하고, 학생들에게 다른 사람의 신발을 집으로 가져가서 컴퓨터 모니터 위, 침실 서랍장 위, 욕실 세면대 위 등 집 안의 눈에 잘 띄는 곳에 놓아두라고 한다.

그다음 주에는 신발을 가지고 와서 앞에 있는 테이블 위에 올려놓도록 한다. 이런 활동을 하는 동안 나는 계속해서 학생들에게 자신의 원래 신발이 무엇인지 절대로 밝히면 안 된다고 주의를 준다. 그리고 학생들에게 다른 사람의 신발과 함께 생활해 본 기분이 어땠는지 묻는다. "이상했어요!" "불안해서 결국 신발장에 넣어야 했어요." "누군가가 저의 사생활을 침해하는 것 같았어요." "신발이 저를 지켜보는 것 같았어요."

다음 몇 시간 동안 나는 학생들에게 자신이 고른 신발에 대해 새로운 맥락과 상황을 만들어 보는 짧은 글쓰기 연습을 시킨다. "이 신발이 있었을 법한 장소에 대해 써보세요." "이 신발이 했을 법한 일에 대해 써보세요." 그런 다음 서로 짝을 이루어 이 짧은 이야기를 연결하도록 요청한다. "신발이 어디에 있었고 어떤 일을 했을지 서로 이야기하고, 이 이야기들을 조합해 보세요." 학생들은 복잡한 등장인물을 드러내는 흥미로운 이야기를 만들어 낸다.

나는 이 활동을 통해 정체성에 대한 교훈, 즉 정체성은 타고나는 것이 아니라 만들어진다는 것을 가르친다. 또한 창의적 글쓰기에 대해, 즉 인물은 설정과 플롯에서 나오지만, 설정과 플롯을 명시적으로 드러내지는 않는다는 것을 가르친다. 또 한편으로는 학생들에게 일상적 경험을 구성하는 평범한 사물과 사건에 대한 인식을 중단하는 것이 중요하다는 점을 보여준다. 학생들이 낡은 신발 때문에 불편함을 느꼈다고 불평할 때, 그리고 나중에 그들이 신발에 대해 상상한 특징을 풍부한 서사로 만들며 신발에 대해 애착을 품게 될 때, 학생들은 자신의 지각과 해석 세계를 구성하는 것 사이의 경계를 넘나드는 법을 배우게 된다(Davis, Sumara & Luce-Kapler, 2000).

경계를 넘나드는 이러한 경험은 낡은 신발의 주인이 학급의 다른 이들이 신발을 둘러싸고 만들어 낸 새로운 서사에 대해 이야기할 때 더욱 흥미로워진다. "이건 내가 고등학교 졸업식 때 신었던 신발이에요. 그런데 이제 이걸 보면, 크루즈 여행 중 벌어진 격정적인 사랑 이야기가 자꾸 생각나서 예전처럼은 못 보겠네요!"

기억은 과거에 일어난 특정 사건의 단순한 재현이 아니라, 시간이 지나면서 그 기억의 주변에 축적된 이미지와 서사에 대한 해석이기도 하다(Gadamer, 1990; Merleau-Ponty, 1962). 문화적 산물로서 학생들의 신발은 꼭 그들을 기쁘게 하지만은 않지만 새로운 의미를 부여받는다. "그 샌들은 제가 남아시아에 있던 때 신었던 거예요. 저에게는 이 샌들이 완전히 혐오스러운 인물과 연관되어 있다는 사실이 마음에 들지 않아요! 그 이야기를 들었다는 걸 잊으려고 노력해야겠어요!" 행운을 빈다. 인지된 애착이 명시적이든 은밀하게 표현되든, 눈에 띄지 않거나 잊힌 것처럼 보이든, 계속해서 사고의 지형에 영향을 미친다.

내가 한 '낡은 신발'에 관한 활동은 인식이 생리적 능력에 의해 구조화되지만, 경험에 의해 지속적으로 구성되고 재구성된다는 사실을 이해할 수 있게 한다. 신경학자들이 밝혀낸 바와 같이, 인간이 보기 위해서는 보는 법을 배워야 한다(Calvin, 1996; Damasio, 1994).

올리버 색스(Oliver Sacks, 1990)는 신경학적 장애 또는 지각 장애를 가진 사람들의 경험을 기록한 에세이에서 이러한 개념을 명확히 설명하고 있다. 평생을 실명 상태로 살다가 수술을 통해 시력을 되찾은 중년 남성 버질에 대한 연구에서, 색스는 보는 법을 배우는 것이 기억과 경험의 구성에 필수적이라는 사실을 보여준다. 버질의 수술은 성공적이었고 수술 후 생리적으로 '볼 수 있게' 되었지만, 그가 인식한 것은 시각적인 '잡음noise'과 같은 것이었다. 버질이 누군가의 얼굴과 사물들을 식별하기 위해서는 이러한 시각적 잡음을 제거하는 법을 배워야 했다. 또한 새로운 시각적 이미지가 추가되면 이전의 이미지에 대한 수정이 필요하기 때문에,

그는 자신의 기억을 재해석해야 했다. 이것은 버질을 기진맥진하게 했고, 여러 가지 면에서 그를 쇠약하게 했다. 몇 년 후 버질은 결국 정신적 실명 상태에 이르렀다.

익숙함을 방해받는 것은 피곤한 일이다. 그렇기 때문에 배운다는 것은 매우 힘든 일이다. 이는 단순히 심리적이거나 사회적인 현상이 아니라 생물학적 현상이다. 뇌는 새로운 것을 배울 때마다 평소보다 몇 배나 많은 신체 에너지를 사용한다. 생각에는 연료가 필요하다. 새로운 이해에 적응하는 법을 배우려면 훨씬 더 많은 에너지가 필요하다. 새로운 곳으로 여행하는 것은 여행자에게 피로를 안겨준다. 그래서 나의 파트너와 나는 매년 같은 장소의 바닷가로 가서 같은 객실을 빌리곤 한다. 일상의 입박에서 벗어나고는 싶지만, 새로운 환경에 적응하는 법을 배우면서 에너지를 소모하고 싶지 않기 때문이다.

이는 왜 많은 독자들이 로맨스, 미스터리, 또는 범죄소설을 꾸준히 읽는지, 왜 가장 인기 있는 TV 프로그램이 멜로드라마, 경찰 또는 병원 드라마, 시트콤인지를 설명해 준다. 이러한 장르들은 등장인물과 설정은 달라지지만, 전형적이고 잘 알려진 플롯 구조를 중심으로 전개된다. 즐거움을 얻기 위해서는 우리의 인식에 지나친 부담을 주거나 도전적인 과제를 주어서는 안 되는 듯하다. 그렇다고 해서 학습이 이루어지지 않는다는 뜻은 아니며, 이러한 활동을 권장하지 말아야 한다는 의미도 아니다. 다만 그러한 활동만을 경험하게 하는 것은 인식에 고정된 경계를 만들어 새로운 통찰력을 개발할 수 있는 경험의 확장 가능성을 감소시킬 수 있다는 것이다. 정형화된 경험의 구조에 관여하는 것은 지각에 작은 도전만을 일으키는 반면, 더 낯선 구조에 관여하는 것은 훨씬 더 큰 지각적 도전이 된다.

신발에 관한 활동을 들여다보면 지각에 대한 작은 도전과 큰 도전 사이의 중요한 차이를 이해할 수 있다. 이 활동에서 중요한 점은 학생들에게 자신의 신발에 관해 쓰라고 요구하지 않았다는 것이다. 대부분의 경우 학생들은 기억에 남아 있는 신발의 역사에서 신발을 분리하지 못한다. 익숙한 신발은 통찰이 아니라 향수를 불러일으키기 때문이다. 나는 학생들에게 다른 사람의 **신발**을 살펴보도록 했다. 낡은 신발은 한 인간의 역사적 흔적을 드러내는 내밀한 사물이기 때문이다. 닳은 자국과 주름에 묻은 먼지를 발견하면서, 해석자는 마치 다른 사람의 내밀한 세계를 바라보는 듯한 느낌을 받게 된다. 또한 이 사물을 자신의 현재 삶 안에 포함하게 될 때, 해석자는 사물이 자신을 지켜보고 있다는 느낌을 받는다. 워싱턴 D.C에 있는 홀로코스트 박물관의 신발 컬렉션은 모든 방문객이 반드시 통과해야 하는 복도 양쪽의 유리 벽 안에 쌓여 있는데, 이것이 그토록 감정적으로 충만한 경험을 선사하는 이유가 바로 여기에 있다. 신발은 그 주인의 생물학적이고 현상학적인 흔적을 고스란히 담고 있어 역사와 기억을 가진 내밀한 사물이 된다. 앤 마이클스는 『흩어지는 조각들』에서 "우리는 죽은 이가 소유했던 물건들과 기이한 관계를 맺고 있다. 그 물건들의 원자 하나하나에, 그들의 손길이 여전히 남아 있기 때문이다"(Michaels, 1996: 265)라고 설명한다.

2001년 9월, 앨버타주 에드먼턴. 나는 이번 주 내내 뉴욕 세계무역센터와 워싱턴 D.C의 펜타곤 공격에 대한 글을 수정하면서 구조와 복구 작업 등 이 재난이 미친 영향들을 지켜보고 있다. 세계 각국이 애도의 의식을 치르는 것을 보며 나는 인간의 경험을 둘러싼 경계가 단지 편의적인 것에 불과하다는 것을 새삼 깨닫는다. 애국가와 추모의 노래를 부르고, 기도문을 낭송하고 추도사를 할 때, 나는 함께 나누는 의례가 얼마나 중요한지 다시 한번 생각하게 된다. 가톨릭 피정에서 배운 것이 기억난다. 나의 '낡은 신발' 활동이 왜 흥미로운지도 다시 이해하게 된다. 나는 공동의 해석 작업, 특히 인간에게 익숙한 인식의 바깥에 존재하는 것을 상상하게 하는 작업의 가치를 그 어느 때보다 확신한다.

8장

왜 학교에서 문학을 읽는 것이
여전히 중요한가

문학이 여전히 중요할까? 이 질문이 대부분의 사람이 문학 작품을 기꺼이 읽고 있는지 묻는 것이라면, 아마도 그렇지 않을 것이다. 요즘에는 인터넷 활용 능력을 개발하는 것이 문학 읽기 능력을 기르는 것보다 더 중요하다고 생각되는 듯하다. 물론 그것도 좋다. 나는 더 많은 사람들이 문학을 읽어야 하며, 문학이 계속해서 중요할 것이라고 주장할 생각은 없다. 대신 문학이 중요한 것은 **대부분의** 사람이 읽기 때문이 아니라 **누군가는** 읽고 또 **누군가는** 쓰기 때문이라는 말로 이 책을 마무리하고자 한다.

독자와 작가 중 어느 편에 관심을 기울이든, 대부분의 사람은 문학이 중시**되어야 한다**고 생각한다. 이러한 믿음은 문학을 공부하는 학교 환경에서 길러진다. 나 역시 고등학교에서 문학 비평 교육을 받기 시작했는데, 당시 대부분의 학생처럼 '자세히 읽기'를 배웠다. 이는 텍스트의 문학적 특성을 파악하고 텍스트 안에 의도된 의미를 표현하는 것을 의미했다. 또한 문학을 공부한다는 것은 문학과 '문학이 아닌 것'을 구별하는 세부적인 것에 주의를 기울이는 것이고, 문학 작품의 인물과 상황 간의 차이점과 유사점을 알아차리는 것이며, 역사적 시기에 걸쳐 다양한 장르가 진화하는 방식에 주목하는 것이다.

대학의 학부에서 영문학을 전공하기로 한 것은 문학 공부에 대한 애정 때문이라기보다는 문학을 분석하는 작업이 쉬웠기 때문이었다. (여기서 말하고 싶은 것은, 쉽다는 것이 내가 뛰어난 학생이었다는 뜻이 아니라, 단지 큰 노력 없이 필요한 일을 할 수 있었다는 것을 말한다. 예를 들어, 셰익스피어의 희곡에 대한 에세이를 쓰는 것은 매우 간단한 절차만 따르면 쉽게 해낼 수 있다.)

이러한 비평을 위한 자세히 읽기 활동은 어떤 사람들에게는 문학에 대한 애정을 키우는 데 도움을 주었겠지만, 나에게는 그렇지 않았다. 나는 문학을 분석하는 방법을 배우는 동안에도 대학 독서 목록에 없는 베스트셀러 소설을 주로 읽는 등 학문적인 것과는 거리가 있는 문학 활동을 하곤 했다.

흥미로운 것은, 이 두 문학의 세계가 매우 뚜렷하게 구분되는 것처럼 보였다는 점이다. 나는 놀랍도록 재미있는 대중소설을 자세히 읽어야 한다고 생각한 기억이 없으며, 셰익스피어의 희곡 읽기가 학교 독서 과제 이상의 것이라고 생각해 본 적도 없다. 학교 과제로 문학 작품을 읽는 것은 사회학이나 심리학 교과서를 읽는 것과 비슷하다고 여겨졌다. 나는 수업 세미나를 준비하기 위해, 논문을 쓰기 위해 읽었다.

그 당시에는 몰랐지만, 지금은 이러한 자세히 읽기 연습이 나에게 유용했다고 확신한다. 텍스트의 세부 사항(반복되는 문구와 이미지, 문장과 단락의 구조, 설명 어휘의 선택 등)에 주의를 기울이도록 요구받으면서 나는 텍스트에 몰입하는 것과 함께 세부 사항에 주의를 기울이는 법을 배웠다. 또한 이러한 자세히 읽기 연습을 통해 익숙함이 세부 사항을 가린다는 것을 알게 되었다. 인쇄된 단어들을 제대로 알아차리기 위해서는 문장을 여러 번 읽어야 했다.

천천히 읽고 다시 읽는 법을 배우는 것 외에도 나의 문학 교육은 교수자로부터 해석하는 방법을 배우는 과정이 필요했다. 내가 가장 좋아하는 세미나는 교수님이 수업 내내 심층적인 텍스트 분석을 진행하는 것이었다. 이러한 수업들에서 나는 이 작업 방법을 아는 이들과 함께 텍스트의 문장들을 자세히 살펴보면, 마치 고고학 발굴 작업에 참여하는 것과 같은 경험을 할 수 있다는 것을 배웠다. 계속해서 찾다 보면 결국 해석이 필요한 흥미로운 지점들을 발견하게 된다. 그러나 세부 사항을 인식하는 것과 세부 사항으로부터 통찰력을 이끌어 내는 것은 동일한 경험이 아니다. 나는 문학 작품의 특성을 설명하는 비평적 에세이를 쓰는 법을 배웠지만, 이러한 연습을 통해 개인적인 통찰력을 크게 발전시킨 기억은 없다.

하지만 신기하게도, 연극을 공부할 때 배운 주의 깊은 독서 능력으로부터 통찰력이 생겨났다. 공연 수업 중 하나에서 나는 〈십이야〉의 앤드류 에이규치크 경 역을 맡았다. 영문학 수업에서 셰익스피어의 희곡을 공부할 때는 불가능하다고 생각했지만, 많은 양의 특이한 대사를 큰 어려움 없이 외울 수 있다는 것을 알게 되었다.

그때 내가 흥미를 느낀 것은 모든 배우들이 알고 있는 사실, 즉 대사를 외우는 능력은 리허설과 공연 상황에서 대사를 자주 반복하는 데 달려 있다는 것이었다. 따라서 한 배우가 대사를 잊어버리는 것은 재앙이 될 수 있다. 이는 다른 배우들에게 기억의 단서가 되기 때문이다. 연출가가 연극이 시작되면 무대에서 배우들의 움직임을 바꾸는 것을 꺼리는 이유도, 정확한 대사 전달을 돕는 기억의 구조를 방해할 수 있고 실제로 그렇게 되기 때문이다.

당시 내가 신기하게 여겼던 점은 대사의 의미를 깊이 이해하지 않고도 실제로 대사를 외울 수 있었고, 큐 사인에 맞춰 효과적으로 연기할 수 있었다는 점이다. 리허설 과정에는 감독과의 공동 해석 과정이 많이 포함되긴 했지만, 앤드류 에이규치크 경 역을 맡는 동안 깊은 의미 만들기 활동에 참여하기보다는 단순히 음절을 암송하는 데 그치는 순간도 있었다. 하지만 어느 날 밤, 내가 대사를 암송하던 것이 통찰력으로 바뀌었던 때를 기억한다. 이 사건의 구체적인 내용은 이제 기억나지 않지만, 공연을 시작한 지 몇 주가 지났을 때, 갑자기 내가 맡은 인물이 토비 경과 나눈 대화에서 무엇이 문제였는지를 이해하게 되었다. 안타깝게도 그 깨달음은 거의 즉각적으로 내가 맡은 인물에 대한 이해를 바꿔놓았고, 남은 공연 동안 나와 동료 배우들에게 약간의 어려움을 안겨주었다.

이는 연극 공연에 여러 차례 참여해 본 사람이라면 누구나 알고 있는 사실이다. 결국 다른 사람이 쓴 대사를 외운다는 것은 말 그대로 다른 사람의 사고 구조 안에서 살아간다는 것을 의미한다. 세부 사항에 대해 깊이 이해하지 않고도(또는 실제로 알지 못하더라도) 텍스트를 암기할 수 있기 때문에 이것은 당장에는 중요하지 않다. 이러한 구조의 반복을 통해 암기된 단어와 다른 등장인물의 대화, 그리고 자신의 기억된 경험 사이에 다리가 만들어진다.

이전 장에서 설명했듯이, 나는 문학 작품과 깊은 관계를 맺는 경험을 '초점 행위'라고 보았다. 이는 세부 사항에 대한 관심을 불러일으키고, 해석과 창작 기술을 발전시키며, 주의 집중과 에너지, 흥미를 지속시키는 무언가를 만드는 데 전념할 때 발생하는 해석 행위이다. 학부생 시절, 나의 초점 행위는 내가 참여했던 연극을 중심으로 발전했다. 나는 학교 수업 외에도 여러 문학 작품을 읽었지만, 나의 에너지와 관심을 모아 그것에 전념하지 않았기에 이것을 초점 행위라고 할 수는 없다.

5장에서 설명한 것처럼, 나는 앤 마이클스의 『흩어지는 조각들』을 접하면서 갑자기 삶이 중단되고 파편화된 이들에게 초점 행위가 얼마나 중요한지 다시금 깨닫게 되었다. 우리 대부분은 이 소설에 묘사된 비극을 경험하지 않았지만, 소설 속 인물들처럼 우리가 기억하고 있는 것, 매일 경험하는 것, 미래로 상상한 것 사이의 관계를 해석하는 데 끊임없이 도전을 받고 있다. 또한 우리는 조상, 특히 부모나 유년기를 함께 보낸 가족에 대한 이해를 끊임없이 해석한다.

캐나다와 같이 '조화를 추구하는' 문화적 감성이 뒷받침된 이민 역사를 가진 국가에서는 특히 그렇다. 1867년 연방이 수립된 이래, 캐나다인들은 캐나다인의 정체성이 무엇일지를 상상하려 노력해 왔으며, 민족적·문화적·언어적 차이를 기억하고 표현하고 기념하기 위해 노력해 왔다. 우리의 캐나다인으로서의 정체성은 실제로 그것이 무엇을 의미하는지에 대한 불확실성 속에 존재하고 있다. 이는 긍정적인 해석적 도전이다. 캐나다에서는 소위 전형적인 캐나다인의 정체성을 거대한 민족주의적 서사에서 찾지 않는다. 대신 우리는 우리의 정체성을 찾기 위해 역사, 언어, 상황 맥락과 관련된 다양하고 독특한 관계의 작은 세부 사항들을 들여다본다. 그렇다고 해서 캐나다인이 캐나다인으로 산다는 것이 무엇을 의미하는지에 대한 감각이 없다는 뜻은 아니다. 다만 이것은, 이러한 정체성 감각이 개인과 지역의 역사 및 경험을 가로지르고, 시간이 지남에 따라 계속해서 변화한다는 것을 의미한다.

국민적 정체성의 변화는 캐나다와 캐나다인에게만 해당되는 것은 아니다. 사람들이 민족, 지리, 언어, 성별, 성, 국가 간의 관계를 다르게 경험한다는 것은 새로운 사실이 아니다. 경험과 정체성 사이의 관계에 대한 이러한 이해는 미국 시민이 된다는 것이 무엇을 의미하는지에 대한 이야기의 일부이기도 하다. 그러나 많은 미국 시민들에게는 정체성에 대한 개인적 경험과 미국인이 된다는 것이 무엇을 의미하는지에 대한 이야기 사이에 커다란 간극이 존재한다. 미국 국민과 관련된 가장 이상적인 이미지는 주로 개인적인 부를 축적하고, 육체적인 아름다움과 카리스마를 과시하며, 자신과 자신의 상황에 대해 확고한 낙관주의를 보여야 한다는 강박관념에 의해 구성된다. 이러한 자질은 미국인들이 스스로를 지속적으로 재창조하는 작업을 수행하는 데 도움을 주었다. 미국은 비교적 짧은 기간에 이루어 낸 성취에 대해 자부심을 갖고 있다. 그러나 이러한 성취를 구성하는 거대한 이야기는 많은 개인, 특히 타고난 생리적 특성이나 사회적 환경을 극복하기 어려운 이들에게는 아주 작은 가능성만을 허용한다.

캐나다인은 미국의 영향을 많이 받기 때문에 어느 정도는 이러한 불협화음을 경험하기도 한다. 그러나 캐나다인이 된다는 것이 무엇을 의미하는지에 대한 이야기가 그렇게 거창하지 않기 때문에 이상적인 형태와 개인적 경험 사이의 격차는 훨씬 작다. 이상적인 형태가 모호하게 설명될 때 이를 추구하기는 훨씬 쉽다. 또한 정체성이 땅과 날씨와 관련이 있다는 것을 이해하면 더 쉽다. 캐나다를 여행하는 사람이라면 누구나 기후에 대한 전 국민적 집착이 캐나다인에게 있다는 것을 알게 된다. 나의 새아버지는 전화 통화를 시작할 때 항상 내가 사는 도시의 날씨를 묻고, 그 도시의 날씨에 대해 자세히 설명하는 것으로 대화를 시작한다. 내가 밴쿠버로 이사했을 때 대초원의 친구들이 가장 많이 했던 말은 "그 많은 비를 견딜 수 있겠어?"였다. 캐나다 중부에서 몇 년을 보낸 후 다시 북부 대초원으로 이사했을 때 동료들은 "그 긴 겨울을 견딜 수 있겠어?"라며 궁금해했다.

날씨에 대한 전 국민적 집착 외에도 캐나다인들은 항상 언어의 중요성을 인식해 왔다. 대부분 이중 언어 사용자인 캐나다인이 프랑스어와 영어를 모두 구사하는 것이 아니라 영어와 다른 언어를 이중 언어로 사용하는 상황에서, 프랑스어와 영어를 공식적인 국가 언어로 인정한다는 것이 무엇을 의미하는가에 관해 계속해서 고민해 왔다. 이는 "언어는 무엇을 하는가?"에 대한 질문이 캐나다인들에게 계속해서 화두로 떠오르고 있다는 것을 의미한다. 프랑스어를 주로 사용하는 퀘벡주를 나머지 지역과 분리하자는 제안을 둘러싼 국가적 논쟁에서, 캐나다인들은 한 언어를 사용하는 것이 다른 언어를 사용하는 것과 어떻게 다른지에 대해 생각하도록 요구받는다. 퀘벡 사람들이 그들이 독자성을 가진 사회라고 주장하고, 이러한 독자성이 법과 정책에서 인정되고 보호되는 헌법상의 보장을 원할 때, 그들이 전달하고자 하는 것은 그들의 경험을 표현하는 방식이 보호받기를 원한다는 것이다.

이것은 또한 최근 몇 년 동안 토착 언어를 보존하고 부활시키기 위해 노력해 온 캐나다 원주민들에게도 마찬가지였다. 개인적이고 문화적인 경험의 미묘함을 표현하는 어휘의 특수성이 가진 중요성을 이해하는 것은 캐나다인의 문화 심리에 깊이 얽혀 있다. 언어 문제에 대한 관심은 캐나다인들이 개인적·문화적 정체성의 지속적인 발전에 있어 자신의 언어가 얼마나 중요한지, 또한 경험의 언어적 표현에 대한 자신의 연결 관계를 기억하는 방법을 찾는 것이 얼마나 중요한지를 이해하는 데 도움이 되었다.

언어에 대한 이러한 관심에 기반하여 현대의 캐나다 소설은 인간의 정체성이 학습된 표현 행위를 통해 어떻게 만들어지고 변화하는가를 다루고자 하는 경향을 보인다. 온다치의 소설 『잉글리시 페이션트』에서 독자들은 네 명의 낯선 사람들이 영국인 환자의 커먼플레이스 북 읽기를 포함한 해석 활동에 참여함으로써 공동체를 형성하는 과정에 함께하게 된다. 그의 커먼플레이스 북은 다른 인물들과 함께하기 전 그가 지녔던 정체성을 드러내지는 않지만, 지식이 최종적인 진리로 고정될 수 없으며 변화하는 상황에 적응해 갈 수 있도록 도움을 주는 정보로만 간주될 수 있음을 보여준다.

문학적 참여에 대한 연구를 통해 나는 뛰어난 소설가들이 삶을 구성하는 눈에 띄지 않는 경험에 주의를 기울이고 표현하는 것이 중요하다는 것을 이해하고 있음을 확신하게 되었다. 그래서 그들의 소설은 대충 훑어보는 방식으로 읽을 수 없다. 어휘를 훑어보거나 줄거리를 찾는 정도로는 『잉글리시 페이션트』나 『흩어지는 조각들』의 질감을 제대로 느낄 수 없다. 독자들은 텍스트의 지형 및 서로 얽힌 플롯들의 질감에 주의를 기울이며 천천히 읽어야 한다.

지난 세기 동안 소설은 인간 경험의 복잡성과 특수성을 탐구하는 수단이었다. 버지니아 울프의 형식적 실험으로 대담하게 예고된 현대소설은 경험이 항상 그것을 표현하는 데 사용하는 형식보다 크다는 것을 표현할 수 있는 해석 장르가 되었다. 캐나다 문학계의 저명한 세 작가인 마거릿 로렌스, 캐럴 실즈, 마거릿 애트우드는 각각 인간의 정체성을 묘사하고 설명하는 데 사용되는 서사 구성을 통찰력 있게 묘사한 문학 작품을 창작했다. 이 작가들은 세 명의 노인 여성(『스톤 엔젤』의 헤이거 쉬플리, 『스톤 다이어리』[1993, 국:1995]의 데이지 스톤, 『눈먼 암살자』[2000, 국:2010]의 아이리스 체이스 그리편)을 중심으로 소설을 전개하면서, 독자에게 삶이란 어떤 성취가 아니라 지속적인 해석 프로젝트임을 인식하게 한다. 이 소설들은 독자에게 그러한 통찰을 제공한다는 점에서 비평가들의 호평을 받아왔다. 자신의 상황이나 마음을 변화시키는 것이 곧 자신의 정체성을 변화시키는 것이라는 생각은 혼란스럽기도 하고 안심이 되기도 한다. 이러한 역설을 통해 인물이 어떻게 변화하는지 보여 줌으로써 이 작가들은 교육적으로 의미 있는 문학적 공간을 만들어 낸다.

그렇다면 문학적 참여는 독자에게 도움이 될 수 있을 듯하다. 하지만 작가에게는 어떨까? 그들이 문학 작품을 창작하는 어려운 작업에 참여하게 되는 이유는 무엇일까? 대부분의 작가에게 창작의 원동력은 금전적 보수가 아니다. 문학 작품으로 생계를 꾸릴 수 있는 작가는 극소수에 불과하다. 대부분의 작가는 주택담보대출을 갚기 위한 다른 직업을 갖고 있다. 나는 작가들의 자서전과 전기를 읽으면서 그들이 글쓰기를 통해 무언가를 배울 수 있기 때문에 글을 쓴다는 사실을 확인했다. 독자는 보통 창작물만을 알고 있지만, 작가는 창작물을 만드는 과정이 무엇을 생산해 내는가도 알고 있다. 문학 속 인물과 플롯의 창조를 통해 작가는 자신의 개인적 상황에 대한 새로운 인식을 발전시킨다.

최근 제임스 킹의 마거릿 로렌스 전기(1997)를 다시 읽으면서, 로렌스에게 글쓰기가 필수적인 해석 행위였음을 확신하게 되었다. 로렌스가 글쓰기를 통해 항상 긍정적인 결과를 얻었다거나 글쓰기가 쉽다고 생각했다는 뜻은 아니다. 로렌스에게 문학 작품을 창작하는 행위는 종종 극도로 어려운 작업으로 느껴졌다. 결과물로서의 작품에 대해 늘 비판적 검토를 받아야 했기 때문이다. 다양한 기록과 비평적 해석을 통해 삶을 해석하는 작업을 수행하는 전기 작가들도 비슷한 경험을 보고한다(DeSalvo, 1996; Grosskurth, 1999; Salvio, 1999). 다른 사람의 삶에 대한 헌신적이고 집중적인 관심은 자신의 상황을 더 명확하게 이해하는 가능성을 만들어 낸다.

이것은 일반적으로 이해되는 감각은 아니다. 우리 대부분은 자신의 경험을 직접 성찰함으로써 자신에 대해 더 깊이 이해하게 될 것이라고 믿는다. 자기 성찰은 개인적 깨달음에 이르는 길로 간주된다. 그러나 대부분의 사람이 다른 사람들에 대한 뒷이야기를 듣는 데에 관심이 있고, TV 프로그램에 등장하는 다른 이들의 문제에 끊임없이 매료된다는 사실을 고려하면, 이러한 통상적 믿음은 약화된다. 대부분의 사람은 자신을 연구함으로써가 아니라 다른 사람들의 경험에 대한 세부 사항을 연구함으로써, 특히 그러한 경험이 자신의 경험을 투영하는 스크린으로 사용될 때 어떻게 나타나는지에 주의를 기울임으로써 개인적 통찰력을 얻게 된다.

이것이 바로 소설가, 시인, 극작가, 전기 작가가 새로운 작품을 창작할 때 하는 일이다. 문학적 정체성과 상황을 창조할 때, 작가는 자신이 과거에 경험하거나 만들어 낸 것이 아닌 세계의 세부 사항에 주의를 기울여야 한다. 모든 작가는 개인적인 정보와 기타 정보의 조각들을 모아 허구적 또는 전기적 인물로 표현하는 오랜 탐구 과정을 거친다. 앤 마이클스가 그녀의 소설 제목에서 표현했듯이, 작가의 임무는 개인, 가족, 문화적 기억과 현재 경험의 '홀어지는 조각들'로부터 새로운 것을 창조하는 것이다.

이러한 새로운 형태의 글쓰기를 발명하기 위해 작가는 자신의 익숙한 경험에서 벗어날 수 있어야 한다. 그렇다고 해서 작가가 이국적이거나 개인적인 공간에 격리되어야 한다는 의미는 아니다. 실제로 그렇게 하는 작가도 있지만, 내가 아는 대부분의 작가는 그렇지 않다. 대신 그들은 작가가 아닌 사람들에게는 평범하고 지루하다고 여겨지는 일상의 한가운데서 창의적인 작업을 할 수 있는 여건을 조성하려 노력한다. 여기서 말하는 창의적 작업이란 말 그대로 '작업'을 의미한다. 모든 작가가 증명하듯이, 흩어지는 조각들로부터 무언가를 창조한다는 것은 일상적인 해석 행위에 참여한다는 것을 의미한다. 대부분의 작가는 익숙한 인식의 틀을 깨고, 이를 통해 얻은 통찰력을 새로운 형태로 정리하기 위한 일련의 정례화된 의식을 수행한다. 좋은 글쓰기에 필요한 기법과 기술과 함께 이러한 해석 행위는 필연적으로 보이지만, 완성되기 전까지는 예측할 수 없는 결과를 낳는다. 대부분의 작가는 그 과정이 끝날 때까지 작품의 형태나 궤적을 알지 못한다고 설명한다.

이것이 바로 문학이 여전히 중요한 이유이다. 문학은 세상의 '진짜' 모습에 대한 자신의 인식과 해석의 익숙함을 깨뜨리는 것을 업으로 삼는 이들이 만들어 낸 산물이다. 문학적 허구를 창조하는 삶을 영위하면서, 작가는 글을 쓰지 않는 사람들에게서 매우 중요한 통찰력을 발전시킨다.

전직 공립학교 교사이자 현직 교사 교육자로서, 나는 공립학교가 청소년들이 해석 행위를 할 수 있도록 돕는 데 별로 관심이 없다는 점을 우려스럽게 생각한다. 학교에서 문학을 공부한다는 것은 여전히 많은 양의 작품을 빨리 읽고, 문학 장치들을 파악하고, 비평 에세이를 쓰는 것을 의미한다. 최근 몇 년 동안 글쓰기 교육에 대한 관심이 높아졌지만, 많은 경우 작가가 글쓰기를 가르치지는 않는다. 이는 대부분의 젊은이가 문학을 읽거나 쓰는 것이 중요하지 않다고 대답하는 이유 중 하나이다. 문학이 중요하게 여겨지려면, 문학이 인간 경험의 필수적 요소로 간주되어야 한다. 문학 작품에 대한 관심을 높일 수 있도록 기금을 마련하는 것 외에도, 우리는 학교에서 문학 작품을 가르치는 것이 무엇을 의미하는지 재고할 필요가 있다.

물론 학교 밖에서 문학을 읽는 방식에도 문제가 있다. 너무도 자주, 문학적 참여는 미적 경험에 몰입하려는 의지 외에는 아무것도 필요하지 않은 일종의 즐거운 활동으로 여겨진다. 이것이 바로 많은 독자들이 온다치의 『잉글리시 페이션트』나 어쿼트의 『언더페인터 *The Underpainter*』(1997) 같은 위대한 소설을 포기하는 이유이다. 이 소설들은 대부분의 독자가 생각하는 소설의 틀에서 약간 벗어난 형태로 쓰였다. 또한 대다수의 독자는 텍스트가 말해야 한다고 생각하므로, 먼저 텍스트의 지형을 알아차리도록 요청하는 텍스트에 대해 참을성이 없어지는 것은 놀라운 일이 아니다. 대부분의 독자들은 문학 작품을 읽는 것을 해석 행위라 생각하지 않기 때문에, 텍스트와 관계를 맺는 방법을 배운다는 것은 많은 이들에게 상상할 수 없는 일이다.

앞서 설명했듯이, 통찰력을 얻기 위해 반드시 문학 작품의 독자나 작가가 될 필요는 없다. 그러나 통상적인 이해의 한계를 벗어나기 위해서는 일종의 해석 행위가 필요하다. 예를 들어, 연극에 대한 나의 짧은 경험과 경험 많은 배우나 감독에 대해 듣고 읽은 바에 따르면, 오랜 기간 다른 사람의 생각과 상황에 몰입함으로써 심오한 통찰을 얻을 수 있다. 다른 사람이 쓴 대사를 외우고 인물의 상황에 몰입하면, 자신의 익숙한 인식 체계에서 벗어나 누군가의 개인적·문화적 상황에 비판적으로 참여할 수 있다.

교사이자 교사 교육자로서 나는 나의 학생들 대부분이 소설이나 전기를 쓰는 전문 작가가 되지는 않을 것이라는 사실을 잘 알고 있다. 대부분의 학생들은 내 교실을 떠난 후에는 문학 작품에 깊이 몰입하여 자신의 삶에 대한 통찰력을 키우려 하지 않을 것이다. 그들은 지속적인 쓰기 활동을 통해 통상적인 이해의 틀을 벗어나는 경험을 하지 않을 것이다. 또 나의 학생 중 일부는 소설을 전혀 읽지 않고, '읽어야 하기 때문에' 나의 수업에서만 소설을 읽는다는 사실을 부끄러워하지 않고 공개적으로 말하기도 한다. 나는 이러한 고백에 그다지 신경 쓰지 않는다. 교사로서 나의 역할은 내가 제공하는 교육 경계 밖에서까지 학생의 행동을 통제하는 것이 아니라, 그 경계 안에서 여운을 남길 수 있는 흥미로운 경험을 제공하는 것임을 잘 알고 있기 때문이다. 이전 장에서 쓴 바와 같이, 내가 즐겨 사용하는 몇 가지 수업 활동이 있다.

모든 수업에서, 나는 학생들에게 우리가 학습하는 표현상의 형식들에 주의를 기울이도록 한다. 나는 매우 전통적인 방식으로 학생들에게 텍스트(소설과 기타 장르 모두)에 대한 자세히 읽기를 요청한다. 또한 학생들에게 구절을 그대로 여러 번 베껴 쓰면서 우리가 읽고 있는 텍스트 형식들에 참여하도록 한다. 내가 대사를 외우고 계속 반복함으로써 내가 맡았던 인물인 앤드류 에이규치크 경의 내면에 들어갈 수 있었던 것처럼, 학생들도 그렇게 함으로써 작품을 만든 작가의 마음속으로 들어갈 수 있기를 바라기 때문이다. 나는 또한 학생들에게 좋아하는 산문이나 소설 구절을 모방해서 자신의 경험을 표현하게 한다. 다른 사람의 글쓰기 구조로 개인적 경험을 표현하는 과정에서 학생들은 새로운 통찰력을 얻게 된다.

이 모든 읽기 및 쓰기 활동은 많은 작가들이 사용하는 문학 활동의 변형이다. 이러한 활동이 학생들이 소설가나 시인이 되는 데 도움이 될 것이라고 생각하는 것이 아니다(물론 그럴 수도 있고, 그렇게 되면 좋겠지만). 그렇게 하는 이유는 그들이 자신의 개인적 경험 세계에 대해 진실이라고 생각하는 것을 재고하는 데 이 방법이 도움이 된다고 생각하기 때문이다. 우리는 자신의 경험을 직접 탐구함으로써가 아니라 우회적으로 탐구함으로써 개인적 경험을 깊이 있게 이해하게 된다.

내가 수업에서 사용하는 활동은 깊은 통찰력을 개발할 수 있다. 이러한 프로그램을 사용하는 것은 내가 그것을 좋아하고, 또 그에 대해 어느 정도 숙련도를 갖고 있기 때문이다. 그러나 비판적 상상력을 키우는 데에는 여러 가지 방법이 있다는 것도 알고 있다. 나는 모든 사람이 해석 행위로서의 문학적 참여에 관심을 가져야 한다고 생각하지는 않는다. 하지만 모든 사람이 자신의 경험을 이해하는 데 도움이 되는 초점 행위를 할 수 있어야 한다고 생각한다. 어떤 사람들은 소설을 쓴다. 어떤 사람들은 그림을 그린다. 어떤 사람들은 정원을 가꾼다. 어떤 행위이든 그 행위에 참여하는 것은 참여자들에게 특정한 세부 사항에 주의를 기울이도록 요구하며, 이는 자신과 타인과의 관계 그리고 맥락을 이해하는 데 크게 기여한다. 이러한 행위 대부분은 공립학교에서 (적어도 공식적 교육과정의 일부로서는) 배울 수 없다. 학교에서는 학생들에게 상식적인 것을 표현하고 재생산하는 방법을 배우도록 요구하기 때문이다. 갈수록 더 많은 상식을 배워야 하고, 공교육에서의 시간과 에너지는 대부분 학생들이 이미 알고 있는 것을 투사하는 데 쓰이며, 새로운 앎의 방식을 만들어 내는 데 쓰이지 않는다.

학교에서 이런 교육과정이 이루어지고 있기 때문에, 문학은 그다지 중요하지 않다고 여겨진다. 학교에서 문학이 중요해지려면 진리를 찾거나 상식적인 것을 표현해야 한다고 주장하는 학습이론을 버려야 한다. 이는 사람들이 다른 사람의 사고 구조에 지속적으로 참여하는 문학 활동에 전념하여 놀랄 만한 통찰력을 얻을 수 있는 조건을 만드는 것을 의미한다. 이 책 전체에서 주장했듯이, 문학적 참여는 사람들이 자신에게 중요하고 다른 사람들에게도 중요할 수 있는 통찰력을 개발하는 흥미로운 방법으로 간주되어야 한다. 어떤 사람들은 문학 작품을 쓰면서 이러한 통찰력을 만들어 낼 것이다. 어떤 이들은 해석적인 읽기 행위를 통해 통찰력을 만들어 낼 것이다. 나머지 사람들에게도 이러한 작업은 도움이 될 것이다.

감사의 글

이 책은 1930년대 독일에서 프란시스 마이어 오버버거(Frances Meier Oberberger)가 큰딸 세실리아에게 최고의 교육을 시키기로 결심하면서 시작된 여러 세대에 걸친 프로젝트의 결과물이다. 그녀의 끈기와 카리스마에 힘입어 나의 어머니는 사립 수녀원 학교에서 조기 교육을 받을 수 있었다. 제2차 세계대전으로 인해 할머니의 계획은 중단되었고, 어머니는 예기치 않게 캐나다로 이민을 가게 되었다. 비록 할머니나 어머니가 예상했던 방식대로는 아니지만, 프로젝트는 계속되었다. 이 책의 많은 부분은 이 두 여성의 수고와 독창성에서 비롯되었다. 두 분은 작가는 아니었지만 독서를 좋아하셨고, 초점 행위의 가치를 잘 알고 있었다. 나는 그들의 통찰에서 많은 것을 배우고 큰 영향을 받았다.

이 책 전체에서 주장하듯, 아이디어는 복잡한 관계 속에서 생겨난다. 이 책에서 탐구한 아이디어 역시 예외는 아니다. 이 아이디어들은 책, 저자, 친구와 동료, 학생들과의 관계를 통해 만들어졌다. 이러한 영향 중 일부는 인용을 통해 언급했지만, 그 깊이는 이런 방식으로는 전달할 수 없다. 이 책은 지난 10년 동안 내가 아이디어를 탐구하는 데 도움을 주고 나의 주장을 개선하도록 도와준 많은 이들에게 빚지고 있다.

'교육과정 이론과 수업 실행에 관한 JCT 학회 JCT Conference on Curriculum Theory and Classroom Practice'와 그에 연계된 『JCT: 교육과정 이론화 저널 Journal of Curriculum Theorizing』은 나의 사고에 중요한 해석의 장을 마련해 주었다. 이 학회와 학술지에 헌신한 재닛 밀러(Janet Miller)와 윌리엄 피나르(William Pinar)에게 감사드린다. 이들의 헌신이 있었기에 나와 다른 학자들이 새로운 형태의 교육과정 연구를 시도할 수 있었다.

또한 나에게 큰 영향을 준 단체는 '전국 독서 학회 National Reading Conference'[1]와 그에 연계된 『문해력 연구 저널 Journal of Literacy Research』이다. 이 학회와 학술지는 문학적 참여에 대한 나의 아이

---

1 2010년부터 리터러시연구학회 Literacy Research Association로 이름이 변경되었다.

디어를 공적으로 발표할 수 있는 장을 마련해 주었다. 전국 독서학회와 관련된 많은 분들이 나의 사유에 기여했지만, 특히 도나 알버만(Donna Alvermann), 제롬 하르스테(Jerome Harste), 리처드 비치(Richard Beach)에게 깊은 감사를 전하고 싶다. 이들은 단순한 지적 지원을 넘어, 내 작업의 질을 향상시킬 수 있는 조건을 만들어 주었다.

레베카 루스-캐플러(Rebecca Luce-Kapler)와 브렌트 데이비스(Brent Davis)와의 빈번하고도 생산적인 교류가 없었다면, 이 책에 담긴 아이디어들을 떠올릴 수 없었을 것이다. 또 다른 글쓰기 프로젝트를 함께하면서 두 사람의 지식이 얼마나 깊이 있는가를 새삼 깨달았고, 해석 활동의 중요성을 더욱 명확하게 이해하게 되었다.

매들린 그루멧과 루이즈 디살보의 글을 읽어본 사람이라면 내가 그들의 글쓰기 스타일을 얼마나 많이 모방했는지 알 수 있을 것이다. 처음에는 내가 그렇게 하고 있다는 사실을 몰랐다. 하지만 이 책을 집필하는 일 년 동안 그들의 작품을 다시 읽으면서 그들의 문장을 따라 삶을 사는 방식을 배움으로써, 그들의 사유 속으로 들어가게 되었다는 사실을 알게 되었다. 이러한 협업에 깊이 감사드린다. 그들은 나의 협업자였음을 알지 못했지만, 나에게는 귀한 경험이었다.

글쓰기 과정의 어느 시점에서는 비판적인 친구가 필요하다. 린다 레이들로(Linda Laidlaw)와 앤 마이어(Anne Meier)는 그런 의미에서 매우 소중한 친구였다. 린다는 이 책의 초고를 꼼꼼하게 편집해 주었고, 부드럽지만 끈질긴 질문을 통해 나의 사유와 글쓰기의 질을 크게 향상시켜 주었다. 앤은 전문적인 교정과 조언으로 거친 부분들을 매끄럽게 다듬어 주었다.

나의 동료들은 나오미 실버먼(Naomi Silverman)이 업계 최고의 편집자 중 한 명이라고 말해주었는데, 두 권의 책을 함께 작업해 보니 그 말이 사실임을 확인할 수 있었다. 그녀는 이 원고를 제작하고 출판하는 과정에서 수많은 어려움을 잘 해결해 주었고, 내가 초기에 제안한 끔찍한 제목들로부터 나를 구원해 주었다.

이 책의 일부 장의 초기 버전은 다른 매체에 발표된 바 있으며, 해당 출판사의 허락을 받아 수록되었다. 2장은 『영어 변화: 독서와 문화 연구 Changing English: Studies in Reading and Culture』(제8권 2호)에 실렸으며, 4장은 『JCT: 교육과정 이론 저널』(제14권 4호), 5장은 『문해력 연구 저널』(제34권 2호)에 실린 바 있다. 7장은 『교육 통찰력 Educational Insights』(제7권 1호)에서 찾을 수 있다.

마지막으로 내 아이디어를 실현할 수 있도록 아낌없는 지원을 해준 '캐나다 사회과학 및 인문학 연구위원회 Social Sciences and Humanities Research Council of Canada'에 감사의 마음을 전한다.

참고문헌

Abram, D.(1996). *The spell of the sensuous: Perception and language in a more than human world*. New York: Pantheon Books.

Als, H.(1997). *The women*. New York: Farrar, Straus, Giroux.

Alvermann, D. & Hruby, G.(2000). Mentoring and reporting research: A concern for aesthetics. *Reading Research Quarterly*, 35, 46–63.

Appleyard, J. A.(1990). *Becoming a reader: The experience of fiction from childhood to adulthood*. New York: Cambridge University Press.

Atwood, M.(2000). *The blind assassin*. Toronto: McClelland & Stewart.

Bateson, M-C.(1994). *Peripheral visions: Learning along the way*. New York: HarperCollins.

Beach, R.(1993). *A teacher's introduction to reader-response theories*. Urbana, IL: National Council of Teachers of English.

_____(2000). Reading and responding to literature at the level of activity. *Journal of Literacy Research*, 32, 237–252.

Beach, R. & Myers, J.(2001). *Inquiry-Based English instruction: Engaging students in life and literature*. New York: Teachers College Press.

Behar, R.(1996). *The vulnerable observer: Anthropology that breaks your heart*. Boston: Beacon Press.

Bhaba, H.(1990). *Nation and narrative*. London: Routledge.

Bleich, D.(1978). *Subjective criticism*. Baltimore: The Johns Hopkins University Press.

Borgmann, A.(1992). *Crossing the postmodern divide*. Chicago: The University of Chicago Press.

Britzman, D.(1998). *Lost subjects, contested objects: Toward a psychoanalytic inquiry of learning*. Albany. NY: State University of New York Press.

Brockman, J.(Ed.)(1995). *The third culture: Beyond the scientific revolution*. New York: Simon & Schuster.

Brooks, M.(1997). *Bone dance*. Toronto: Groundwood Books.

Bruner, J.(1986). *Actual minds, possible worlds*. Cambridge, MA: Harvard University Press.

_____ (1990). *Acts of meaning*. Cambridge, MA: Harvard University Press.

Butala, S.(1994). *The perfection of the morning: An apprenticeship in nature*. Toronto: HarperCollins.

Calvin, W.(1996). *How brains think: Evolving intelligence, then and now*. New York: Basic Books.

Capra, F.(1996). *The web of life: A new scientific understanding of living systems*. New York: Penguin Books.

Clark, A.(1996). *Being there: Putting brain, body, and world together again*. Cambridge, MA: The MIT Press.

Clifford, J. & Marcus, G.(Eds.)(1986). *Writing culture: The poetics and politics of ethnography*. Los Angeles: University of California Press.

Cohen, J. & Stewart, I.(1994). *The collapse of chaos: Discovering simplicity in a complex world*. New York: Penguin Books.

Culler, J.(1997). *Literary theory*. Oxford: Oxford University Press.

Damasio, A.(1994). *Descartes' error: Emotion, reason, and the human brain*. New York: G.P. Putnam Sons.

Davis, B., Sumara, D. & Luce-Kapler, L.(2000). *Engaging minds: Learning and teaching in a complex world*. Mahwah, NJ: Lawrence Erlbaum Associates.

Deacon, T.(1997). *The symbolic species: The co-evolution of language and the brain*. New York: W.W. Norton & Company.

Denzin, N. & Lincoln, Y.(Eds.)(1994). *Handbook of qualitative research*. Thousand Oaks, CA: Sage Publications.

Derrida, J.(1976). *Of grammatology*. Baltimore: The Johns Hopkins University Press.

_____(1978). *Writing and différance*. London: Routledge.

_____(1992). *Acts of literature*. New York: Routledge.

DeSalvo, L.(1996). *Vertigo*. New York: Dutton.

_____(1997). *Breathless: An asthma journal*. Boston: Beacon Press.

Dewey, J.(1996). *Democracy and education*. New York: The Free Press. (Original work published 1916.)

Doll, M. A.(2000). *Like letters in running water: A mythopoetics of curriculum*. Mahwah, NJ: Lawrence Erlbaum Associates.

Dowling, J.(1998). *Creating mind: How the brain works*. New York: W.W. Norton.

Eco, U.(1994). *Six walks in the fictional woods*. Cambridge: Harvard University Press.

Egan, K.(1997). *The educated mind: How cognitive tools shape our understanding*. Chicago: University of Chicago Press.

Ellsworth, E.(1997). *Teaching positions: Difference, pedagogy, and the power of address*. New York: Teachers College Press.

Fish, S.(1980). *Is there a text in this class?* Cambridge, MA: Harvard University Press.

Flax, J.(1990). *Thinking fragments: Psychoanalysis, feminism and postmodernism in the contemporary west*. Berkeley: University of California Press.

Fox, M.(1985). *Wilfrid Gordon McDonald Partridge*. Brooklyn: Kane/Miller.

Foucault, M.(1972). *The archeology of knowledge*. New York: Pantheon Books.

_____(1988). Technologies of the self. In M. Luther, H. Gutman & P. Hutton(Eds.), *Technologies of the self: A seminar with Michel Foucault* (pp.16–49). Amherst, MA: University of Massachusetts Press.

Fulford, R.(1999). *The triumph of narrative: Storytelling in the age of mass culture*. Toronto: Anansi.

Gadamer, H-G.(1976). *Philosophical hermeneutics*. Los Angeles: University of California Press.

_____(1990). *Truth and method*. New York: Crossroad.

Gallop, J.(2000). The ethics of close reading: Close encounters. *Journal of Curriculum Theorizing*, 17(3), 7–17.

Gay, P.(1998). *My German question: Growing up in Nazi Berlin*. New Haven, CT: Yale University Press.

Geertz, C.(1988). *Works and lives: Anthropologist as author*. Stanford, CA: Stanford University Press.

Greene, M.(1995). *Releasing the imagination: Essays on education, the arts, and social change*.

San Francisco: Jossey-Bass.
Griffin, S.(1992). *A chorus of stones: The private life of war*. New York: Doubleday.
Grossberg, L., Nelson, C. & Treichler, P.(1992). *Cultural studies*. New York: Routledge.
Grosskurth, P.(1999). *Elusive subject: A biographer's life*. Toronto: MacFarlane Walter & Ross.
Grumet, M.(1988). *Bitter milk: Women and teaching*. Amherst: University of Massachusetts Press.
_____(1991a). Curriculum and the art of daily life. In Willis, G. & Schubert, W.(Eds.), *Reflections from the heart of educational inquiry: Understanding curriculum and teaching through the arts* (pp. 74–89). Albany, NY: SUNY Press.
_____(1991b). Lost places, potential spaces and possible worlds: Why we read books with other people. *Margins*, 1(1), 35–53.
Harris, J. R.(1998). *The nurture assumption: Why children turn out the way they do*. New York: Touchstone.
Harste, J. C., Woodward, V. A. & Burke, C. L.(1984). *Language stories and literacy lessons*. Portsmouth, NH: Heinemann.
Hay, E.(2000). *A student of weather*. Toronto: McClelland & Stewart.
Heidegger, M.(1966). *Being and time*. New York: Harper and Row.
_____(1977). *Basic writings*. San Francisco: HarperCollins.
Herodotus(1954). *Histories*. Middlesex, UK: Penguin Books.
Hirsch, E.(1976). *The aims of interpretation*. Chicago: The University of Chicago Press.
Hoffman, E.(1989). *Lost in translation*. New York: Penguin Books.
Iser, W.(1975). *The implied reader*. Baltimore: The Johns Hopkins University Press.
_____(1978). *The act of reading*. Baltimore: The Johns Hopkins University Press.
_____(1989). *Prospecting: From reader response to literary anthropology*. Baltimore: The Johns Hopkins University Press.
_____(1993). *The fictive and the imaginary: Charting literary anthropology*. Baltimore: The Johns Hopkins University Press.
_____(2000). *The range of interpretation*. New York: Columbia University Press.
Johnson, M.(1997). *Developmental cognitive neuroscience: An introduction*. Cambridge, MA: Blackwell Publishers.
Kerby, A.(1991). *Narrative and the self*. Bloomington, IN: Indiana University Press.
King, J.(1997). *The life of Margaret Laurence*. Toronto: Alfred A. Knopf.
Kotulak, R.(1996). *Inside the brain: Revolutionary discoveries of how the mind works*. New York: Andrews and McMeel.

Kristeva, J.(1984). *Revolution in poetic language*. New York: Columbia University Press.

Laidlaw, L.(2001). *Travelling by text: An inquiry into writing, learning and human experience*. Unpublished Doctoral Dissertation. Toronto: York University.

Lakoff, G. & Johnson, M.(1999). *Philosophy in the flesh: The embodied mind and its challenge to western thought*. New York: Basic Books.

Langer, S.(1957). *Problems of art*. New York: Charles Scribner's Sons.

Lather, P.(1991). *Getting smart: Feminist research and pedagogy with/in the postmodern*. New York: Routledge.

Laurence, M.(1995). *The stone angel*. Toronto: McClelland & Stewart. (Original work published 1964)

Leavis, F.(1950). *New bearings in English Poetry*. London: Chatto and Windus. (Original work published 1932)

Lerner, G.(1997). *Why history matters*. New York: Oxford University Press.

Lewin, R.(1993). *The origin of modern humans*. New York: Scientific American Library.

Lewis, C.(2000). Limits of identificaiton: The personal, pleasurable, and critical in reader response. *Journal of Literacy Research*, 32, 253–266.

Lewontin, R.(2000). *It ain't necessarily so: The dream of the human genome and other illusions*. New York: New York Review Books.

Lowry, L.(1993). *The giver*. New York: Bantam Doubleday.

Luce-Kapler, R.(2000). As if women writing. *Journal of Literacy Research*, 32, 267–291.

Lyotard, J-F.(1984). *The postmodern condition: A report on knowledge*. Minneapolis: Minnesota Press.

Mackey, M.(1998). *The case of Peter Rabbit: Changing conditions of literature for children*. New York: Garland Publishing.

Maturana, H. & Varela, F.(1987). *The tree of knowledge: The biological roots of human understanding*. Boston: Shambhala.

Meek, M.(1991). *On being literate*. London: The Bodley Head.

Merleau-Ponty, M.(1962). *Phenomenology of perception*. London: Routledge & Kegan Paul.

Michaels, A.(1996). *Fugitive pieces*. Toronto: McClelland & Stewart.

Miller, J.(1990). *Creating spaces and finding voices: Teachers collaborating for empowerment*. New York: State University of New York Press.

Morris, M.(2001). *Curriculum and the Holocaust: Competing sites of memory and representation*. Mahwah, NJ: Lawrence Erlbaum Associates.

Morrison, T.(1996). *The dancing mind*. New York: Alfred A. Knopf.

Nell, V.(1988). *Lost in a book: The psychology of reading for pleasure*. New Haven, CT: Yale University Press.

Norretranders, T.(1998). *The user illusion: Cutting consciousness down to size*. (Trans.) J. Sydenham. New York: Viking.

Norris, K.(1993). *Dakota: A spiritual geography*. Boston: Houghton Mifflin.

Ondaatje, M.(1992). *The English patient*. Toronto: McClelland & Stewart.

Pinar, W., Reynolds, W., Slattery, P. & Taubman, P.(1995). *Understanding curriculum*. New York: Peter Lang.

Pinker, S.(1997). *How the mind works*. New York: W.W. Norton.

Rorty, R.(1989). *Contingency, irony, solidarity*. Cambridge, UK: Cambridge University Press.

_____(1999). *Philosophy and social hope*. Toronto: Penguin Books.

Richardson, L.(1997). *Fields of play: Constructing an academic life*. New Brunswick, NJ: Rutgers University Press.

Rosenblatt, L.(1938). *Literature as exploration*. New York: Appleton Century.

_____(1978). *The reader, the text, the poem*. Carbondale, IL: Southern Illinois University Press.

Sacks, O.(1995). *An anthropologist on Mars: Seven paradoxical tales*. New York: Alfred A. Knopf.

Said, E.(1993). *Culture and imperialism*. New York: Alfred A. Knopf.

Salvio, P.(1995). On the forbidden pleasures and hidden dangers of covert reading. *English Quarterly*, 27(3), 8–15.

_____(1999). Teacher of 'weird abundance': Portraits of the pedagogical tactics of Anne Sexton. *Cultural Studies*, 13, 639–660.

Salzman, M.(2000). *Lying awake*. New York: Alfred A. Knopf.

Shields, C.(1993). *The Stone diaries*. Toronto: Random House.

Smith, D. G.(1991). Hermeneutic inquiry: The hermeneutic imagination and the pedagogic text. In E. Short(Ed.), *Forms of Curriculum Inquiry*. New York: SUNY Press.

Spivey, N.(1997). *The constructivist metaphor: Reading, writing, and the making of meaning*. San Diego: Academic Press.

Sumara, D.(1996). *Private readings in public: Schooling the literary imagination*. New York: Peter Lang.

Sumara, D., Davis, B. & van der Wey, D.(1998). The pleasure of thinking. *Language Arts*, 76(2), 135–143.

Taylor, C.(1989). *Sources of the self: The making of modern identity*. Cambridge, MA: Harvard

University Press.

Thich Nhat Hahn(1991). *Peace is every step: The path of mindfulness in everyday life*. New York: Bantam Books.

Thompson, R. F.(1996). *The brain: A neuroscience primer*. New York: W.H. Freeman.

Todorov, T.(1977). *The poetics of prose*. Ithaca: Cornell University Press.

Urquhart, J.(1997). *The underpainter*. Toronto: McClelland & Stewart.

_____ (2001). *The stone carvers*. Toronto: McClelland & Stewart.

Van Maanen, J.(1988). *Tales of the field: On writing ethnography*. Chicago: University of Chicago Press.

Varela, F., Thompson, E. & Rosch, E.(1991). *The embodied mind: Cognitive science and human experience*. Cambridge, MA: The MIT Press.

von Glasersfeld, E.(1995). *Radical constructivism: A way of knowing and learning*. London: The Falmer Press.

Willinsky, J.(1998). *Learning to divide the world: Education and the empire's end*. Minneapolis, MN: University of Minnesota Press.

Winterson, J.(1995). *Art objects: Essays on ecstasy and effrontery*. Toronto: Alfred A. Knopf.

역자 후기

생성과 연결의 공간으로서의
문학 교실을 향하여

2024년 말, 한강 작가의 노벨상 수상으로 한국 사회는 모처럼 한 마음으로 놀라움과 기쁨의 소회를 공유하며 '문학이 존재함'을 새삼 깨닫게 되었다. 노벨상 수락 연설문에서 한강은 그가 천착한 주제가 '인간이란 어떤 존재인가, 우리는 어떻게 덧없고 폭력적인 세계 한가운데에서 인간의 존엄을 향해 나아갈 것인가'라는 질문에 대한 답을 찾아가는 과정이었음을 이야기한다. 그 답으로서 한강이 제시한 것은 문학의 언어를 통해 서로의 심장과 심장을 연결하는 것이었다. 세계적 가치를 지닌 작가에게 주어지는 노벨상의 영예로움과 '최초의'라는 수식어를 넘어, 한강의 노벨상 수상은 문학이 여전히 중요한 어떤 것으로 우리 곁에 있으며 앞으로도 있을 것임을 알려주는 사건이었다.

문학의 시대가 저물어 간다는 풍문이 들려오던 즈음이었다. 종이책의 전성시대였던 구텐베르크 은하계에서 바야흐로 디지털 미디어의 시대로 접어들면서 아날로그 문화의 정점인 문학 읽기 대신 디지털 공간에서의 다양한 복합 매체 읽기가, 영상과 유튜브, 소셜 미디어 보기가 우리의 일상을 비롯해 사회·문화·경제의 구석구석을 채웠다. 문학 작품이나 작가가 중요한 시대적·이념적 지향을 제시하거나 주요 관심사가 되는 일이 드물어졌다. 문학 작품이 우리의 삶과 사회에 미치는 영향력은 그 전성기에 비하면 크게 약화했다. 한강의 노벨상 수상은 그런 정황 속에서 갑자기 솟아올라 문학이 무엇이며, 무엇을 할 수 있는가를 다시금 환기시켰다.

데니스 수마라의 『왜 학교에서 문학을 읽어야 하는가: 상상하고 해석하며 다시 생각하기』는 '여전히' 문학 읽기가 중요하고, 특히 학교 교육에서 매우 중요하게 다루어져야 한다고 주장하고 있다. 그런 점에서 이 책은 한강 작가가 다시 열어준 문학의 가치와 가능성의 지향을 문학 교육의 차원에서 심화·확장하고 있는 책이라 할 수 있다.

저자인 데니스 수마라는 캐나다 캘거리대학교 사범대학에 재직하면서 예비 교사들을 대상으로 문학 교육 방법 및 교육과정을 가르쳤으며, 복잡성 교육 철학에 기반한 교육 이론서를 여럿 펴낸

바 있다. 『혁신교육, 철학을 만나다』(살림터, 2011)부터 『마음과 학습』(교육과학사, 2017), 『표준화 교육에서 복잡성 교육으로』(교육과학사, 2021) 등의 저서에서 수마라는 인간이 무언가를 배우고 배움을 확장해 나가는 과정이 투입과 산출의 직선으로 표현될 수 있는 표준화되고 객관적인 것이 아니라, 개인과 집단의 융합적 상호작용으로 형성되는 맥락적이고 복잡다단한 것임을 보여주고 있다. 학습은 개별적인 파편의 흡수로 이루어지는 것이 아니라 개인의 전인격적 총체성 안에서 그의 과거, 현재, 미래, 그리고 그를 둘러싼 타자 및 세계 맥락과의 연관 관계 속에서 이루어진다는 것이다.

『왜 학교에서 문학을 읽어야 하는가: 상상하고 해석하며 다시 생각하기』는 미국 리터러시연구학회Literacy Research Association의 '에드워드 B. 프라이 북 어워드Edward B. Fry Book Award'를 수상한 바 있다. 이 책은 데니스 수마라가 기반하고 있는 복잡성 철학의 관점을 문학 읽기에 반영하며 문학 교육의 중요성을 다시금 짚고 있다. 문학 작품을 읽는다는 것은 작가와 독자, 그리고 또 다른 독자들과 복잡하고 다층적인 상호작용을 나누며 새로운 상상력과 해석, 통찰을 생성하는 것이다.

수마라는 이를 전달하기 위해 독자 반응 이론, 인지과학, 생물학 등의 다양한 이론적 연구들을 인용하는 한편 구체적인 문학적 참여 및 통찰이 생성되는 과정을 그의 연구와 교육 경험을 기반으로 하여 생생한 에세이 형태로 제시한다. 그는 본질적인 것이 어딘가에 존재한다는 절대적 진리관과 거리를 두며, 우리의 앎은 무수한 일상의 작은 경험들을 통해 매번 새롭게 얻어지는 유동적인 것임을 이야기한다. 문학을 읽는다는 것은 문학 작품에 각인된 지식을 습득하는 일이 아니라 읽는 이 자신의 정체성을 만들어 가는 것이며, 이러한 과정은 다시 문학 작품에 영향을 미쳐 작품 해석의 자장을 심화·확장하는 데 기여하게 된다. 이러한 문학 읽기 행위는 개인의 정체성 형성에 머무르지 않고 공동체 전체의 해석의 장을 만드는 데까지 나아간다. 수마라는 이러한 작업들이 궁극적으로는 인간 사회에 대한 희망을 촉진하고 그 희망을 구체적으로 실현하는 데 기여할 수 있을 것이라 믿는다. 문학 교실에서 교사와 학생이 함께 문학 텍스트를 읽는 문학적 참여의 의의는 바로 여기에 있다. 수마라의 이러한 논의들은 구체적인 문학 작품에 대한 개인적·경험적 해석과 정체성을 형성하는 과정에 대한 서술을 통해 설득력 있게 전개된다.

   수마라의 논의를 따라가기에 앞서 복잡성 철학에 대해 간략히 개관해 볼 필요가 있다. 복잡성 철학은 절대적인 진리나 본질이 객관적으로 존재한다는 서구적 진리관에 의문을 제기한다. 복잡성 철학의 관점에서 모든 앎은 언제나 부분적이다. 앎이란 한 사회가 규정한 편파성 안에서 이루어지기 때문이다. 불편부당하고 편견 없는 지식이란 존재할 수 없다.

   그러므로 복잡성 교육의 관점에서 볼 때 학습이란 주어진 지식을 주입하여 복제하는 것이 아니라, 교사와 학생 간의 관계 속에서 인간과 환경의 새로운 연결 방식을 통해 무언가 새로운 것을 창조하는 일이다. 학습은 외부의 것을 습득하는 것이 아니라 주체가 어떤 가능성을 행하고 택하는 변형의 과정이며, 축적의 과정이라기보다는 회귀적인 정교한 시행착오의 과정이다. 이는 무엇인가 본질적인 것이 이미 존재한다는 형이상학의 관점과 결별을 고하고 생명과 우주의 창발성을 강조하는 것이다. 인간은 문화적이고 생물학적인 시스템에 의해 만들어지기도 하지만, 그 시스템을 만들기도 한다. 이를 복잡성 과학에서는 '자기조직화self-organization'라고 부른다. 이런 관점에서 학습자는 개인적으로나 문화적으로 결핍된 존재가 아니라 교사와 함께 새로운 해석이나 통찰을 생성하는 역동적 존재로 자리매김된다. 교사의 역할은 명시적 지식을 전수하는 것이 아니라 학습자가 무언가에 주목하고 이를 해석하는 습관을 가질 수 있도록 돕는 것이다.

이런 차원에서 수마라의 논의는 독자와 텍스트의 상호작용을 강조한 로젠블랫이나 이저 등의 논의와도 맞닿아 있다. 다만 독자 반응 이론이나 수용 이론들이 문학 텍스트 자체의 의미나 가치를 독자와 나란히 두며 강조한 데 비해, 수마라는 텍스트와 독자 사이에 새롭게 생겨나는 창조적 생성의 공간에 더 초점을 두고 있다. 이를 가장 명확하게 보여줄 수 있는 물리적 공간이 바로 학교의 문학 교실이며, 이 공간에 상징적으로나 물리적으로 불확정성의 빈틈과 그로 인한 새로운 생성의 공간이 생겨나는데, 여기가 바로 문학적 참여의 공통 공간이다.

문학 읽기에서 공동의 해석 작업은 '커먼플레이스'로 구체화된다. 독자는 문학 작품을 읽으면서 밑줄 긋고, 자신의 경험을 불러와 기록하고, 거기에 해석을 덧붙인다. 그리고 다시 읽기를 통해 자신의 지난 독서 반응을 반추하며 다시금 여기에 각주와 해석을 덧붙인다. 또 다른 누군가가 여기에 다른 이의 반응을 보고 자신의 반응을 기록하고, 이런 방식의 읽기들은 차곡차곡 축적되고 다시 해석되면서 문화적 아카이브로서의 역할을 하게 된다.

소설 『잉글리시 페이션트』 속 인물인 '영국인 환자'는 헤로도토스의 『역시』 책을 읽으면서 자신의 정체성을 만들어 가는 커먼플레이스 북을 창조한다. 다시 『잉글리시 페이션트』를 읽는 학생과 교사들은 여기에 자신들의 해석을 덧붙이고, 인물과의 교감과 상호작용을 통해 자기 자신을 만들어 간다. 읽고, 다시 읽고, 함께 읽는 덧읽기의 과정들이 성찰에 깊이를 더하고 새로운 무언가를 만들어 낸다.

『잉글리시 페이션트』를 비롯하여 『기억 전달자』, 『스톤 엔젤』 등 한국어로 번역되어 알려진 작품들을 비롯하여 『숨이 찬』, 『흩어지는 조각들』, 『본 댄스』 등 다양한 문학 작품에 대한 데니스 수마라 자신의 독서 경험 및 교육적 활용 경험들은 문학 작품을 둘러싸고 어떻게 새로운 통찰의 가능성이 열리는지를 잘 보여주고 있다.

그럼에도 불구하고, 다시 앞의 문제의식으로 돌아가 이렇게 질문해 보자. 속도와 고효율을 특징으로 하는 디지털 시대에 이렇듯 숙고하고 성찰하며 천천히 함께 가는 문학 읽기가 여전히 의미를 가질 수 있을까?

이 책에서 주로 다루고 있는 '문학적 참여'가 전통적 방식의 종이책 읽기에 국한되는 것은 아니다. 수마라는 인터넷이나 영화 등 종이책 이외의 매체들이 가진 가능성에 대해서도 간략히 언급하고 있으며, 디지털 시대의 장점에 대해서도 인식하고 있다. 디지털 시대로의 전환은 이미 거스를 수 없는 추세로 우리 일상에 다가와 있다. 영화나 라디오 등의 뉴 미디어를 넘어 디지털 시대의 뉴뉴 미디어 시대로 접어든 시점에서, 변화하는 텍스트 및 텍스트와의 상호작용들 사이에서 데니스 수마라가 제안한 문학 작품 읽기의 방식은 인쇄된 책이라는 매체를 넘어 더 확장적으로 심화·발전할 수 있다.

매리언 울프는 '양손잡이 문해력'이라는 읽기 모델을 제안하며 종이책 시대와 디지털 시대의 양자를 아우를 수 있는 모드 전환의 문해력이 필요하다고 제안하고 있다. 읽기 연구자인 나오미 배런 역시 종이책 읽기에서 유용한 읽기 전략이었던 '깊이 읽기'의 방법들, 즉 예측하며 읽기, 다시 읽기, 주석 달기, 노트하기, 또는 교사와 함께하는 핵심어 열거하기, 질문에 답하기 등을 디지털 읽기에도 적용하면서 새로운 깊이 읽기의 방식을 매체에 맞게 개발하고 활용할 필요가 있다고 말한다. 가령 수마라가 이 책에서 묘사한 바처럼 책을 읽다가 밑줄을 긋고 책의 여백에 자신의 생각을 덧붙이고, 자신의 경험과 연관 지어 책의 내용을 온전히 음미하고, 책을 덮은 후 다시 읽고, 다른 이들이 작성한 메모를 읽으며 자신의 메모를 덧붙이는 상상력과 해석, 통찰의 참여 작업들을 디지털 읽기에도 적용하는 것이다. 잠시 멈추고 노트나 다른 파일에 책 내용을 자신의 말로 정리하고, 읽은 내용을 어딘가에 게시하거나 감상을 공유하면서 다른 이들과 함께 책에 대한 새로운 통찰과 정체성을 만들어 내는 전통적 책 읽기의 전략은, 속도와 고효율의 방식으로 이루어지는 디지털 읽기 시대에 오히려 더 긴요해진다.

수마라는 기술철학자인 보르그만의 '초점 행위' 개념을 소개하며 문학 읽기의 의미를 다시금 되새기고 있다. 맥락과 관계없이 빠르고 간단하게 원하는 것만을 취할 수 있는 것이 기술문명 시대의 최대 가치라면, 초점 행위는 그러한 속도와 간편함에 대비되는 정반대의 가치를 추구하는 것이다. 초점 행위는 그 대상에 대해 집중하고 몰입하고 헌신하는 것이며, 대상을 행위 주체 자신을 포함하여 모든 연관된 맥락들 속에서 총체적으로 인식하는 것이다. 초점 행위는 한 번에 이루어지지 않으며, 계속해서 실천함으로써 주체의 몸과 마음과 의식에 축적되고 변화를 일으킨다. 초점 행위의 자리에는 문학적 참여 활동 이외에도 무엇이든 맥락 속에서 함께하는 깊고 느린 프로젝트들이 놓일 수 있다. 정원을 가꾸고, 직접 재료를 준비하여 손이 가는 요리를 하고, 오랜 시간의 연습을 통해 악기를 연주하거나, 다양한 요인들을 고려하며 새로운 수학적 난제를 풀고자 노력하는 탐구 행위들이 모두 초점 행위가 될 수 있다. 문학은 그 가운데서도 풍부한 해석의 빈틈과 인물과의 동일시 가능성을 가지므로 초점 행위를 촉발할 수 있는 최적의 '초점 대상'이 될 수 있다. 수마라의 논의는 개인적·집단적 정체성을 함께 만들어 내는 초점 행위로서 함께 문학 읽기의 중요성을 강조하고, 삶과 세계에 대한 '진실'이 그 공통 공간에서 새로이 생성되는 것임을 제언한다. 빠른 시간 내에 문학 작품의 핵심을 잡아내고 누구나 인정할 수 있는 절대적이고 객관적인 지식으로 정리하여 그 내용을 습득하는 방식의 문학 학습은, 그런 의미에서 문학 교육의 가장 중요한 가치로부터 매우 멀리 떨어져 있다.

그렇다면 우리의 문학 교실은 어떤 모습으로 존재하고 있을까. 독자 반응 이론이 강조되면서 학습자 중심의 문학 교육을 구현하고자 애써 왔다. 하지만 여전히 대학 입시를 위한 교육이 강조되고, 인터넷 강의나 유튜브 해설 등을 통해 작품에 대한 정형화된 해석이 자리 잡으면, 그것이 계속해서 영향력을 발휘하고 해석에 있어 정전의 지위를 부여받는다. 학습자의 정체성 형성이나 실존적 의미에 대한 기여보다는 '무엇이 맞고 무엇이 틀린 해석인가'에 집중하는 방식의 교수 학습이 이루어지기도 한다. 학습자의 반응을 요구하기도 하지만, 이는 종종 객관적이고 절대적인 '정답으로서의 해석'을 둘러싼 오답이거나 주관적 반응들로 의미가 축소되어 문학 교실의 주변부에 소음으로 머무른다. 인공지능 기술의 강력하고 급격한 부상으로 문학 교육의 국면에서도 인공지능과의 협업 활동이 늘어나고, 그에 따라 교실에서 인간과 인간이 얼굴을 마주 보며 서로의 경험을 토대로 작품을 함께 읽고 쓰고 이야기를 나누는 이른바 '고전적인' 문학 수업 모델이 어딘가 시대에 뒤처지는 것은 아닌가 하는 인상을 주기도 한다.

  이러한 상황에도 불구하고, 문학 작품의 힘은 여전히 강력하게 교사와 학습자를 상상력과 통찰의 세계로 인도한다. 문학 교실을 공공의 장으로 만들고자 하는 교사들의 노력은 학습자의 경험과 만나 활발한 상호작용과 새로운 진리가 생성되는 수업을 빚어 왔다. 문학 교실의 환경은 디지털 세계와 물리적 세계를 넘나들며 역동적으로 변화해 왔지만, 문학 교실을 문학답게 만드는 힘은 여전히 고유하고 개별적인 각각의 인간들이 서로 만나 이루는 공동의 문학 경험 속에서 형성될 수밖에 없다. 역자로서 그러한 반짝임의 순간들이, 즉 이 책에서 여학생 '지나'가 만났던 놀라움의 순간들이 더욱 자주 우리의 문학 교실에 찾아들기를 바라는 마음 가득하다.

이 책에서 언급된 작품들

『기억 전달자 The Giver』

로이스 로리 | 2003 | 국내 출간 2007

출산, 직업, 감정 등 모든 것이 완벽히 통제된 미래 사회를 그린 이 작품은 1993년 출간한 그해 보스턴 글로브 혼 북 명예상, 이듬해인 1994년에 뉴베리상을 수상하여 작품성을 인정받았으며, 현재에 이르러 미국뿐만 아니라 세계 곳곳의 청소년들에게 필독서로 손꼽히는 새로운 고전으로 자리매김하고 있다. 2014년에는 필립 노이스 감독의 영화로 개봉되어 화제가 되었고, 2020년에는 아이스너 상 수상 작가 크레이그 러셀이 각색과 그림을 맡아 그래픽노블로도 출간되었다.

『본 댄스 *Bone Dance*』

마사 브룩스 | 1997

상실과 치유를 다룬 청소년 성장소설로, 도시 소녀 알렉스가 아버지의 유산인 프레리 땅에서 영적 고통을 지닌 소년 로니를 만나면서 이야기가 시작된다. 두 사람은 자연과 전통, 관계 속에서 서로의 상처를 이해하고 치유해 나간다. 시적이고 섬세한 문체로 정체성과 회복의 여정을 그려낸 작품이다.

『아름다운 선택 *Lying Awake*』

마크 살츠만 | 2000 | 국내 출간 2001

『아름다운 선택』은 로스앤젤레스의 수도원에 은둔한 수녀가 신비로운 환영을 통해 신의 은총을 경험하지만, 그것이 사실은 측두엽 간질의 증상이라는 진단을 받으며 갈등에 빠지는 이야기이다. 수녀는 이 환영이 자신의 시적 영감과 영적 삶의 원천이었기에, 이를 없애기 위한 수술이 가져올 상실과 진실 사이에서 고민한다. 신앙과 뇌과학, 예술과 질병의 경계에서 인간의 믿음과 정체성을 탐색하는 철학적이고 내면적인 소설이다.

『숨이 찬: 천식 일기 *Breathless: An Asthma Journal*』

루이즈 디살보 | 1997

작가 루이즈 드살보가 성인기에 발병한 천식을 통해 삶, 기억, 글쓰기를 성찰한 에세이이다. 단순한 병의 기록을 넘어, 어린 시절의 트라우마와 가족사, 환경적 요인이 질병과 어떻게 얽혀 있는지를 탐구한다. 육체의 증상이 곧 내면의 언어가 되는 과정을 조용하고 치열하게 써내려간 자전적 작품이다.

『스톤 엔젤 The Stone Angel』
마거릿 로렌스 | 1964 | 국내 출간 2012

캐나다가 사랑하는 여성 작가 마거릿 로렌스의 대표작. 1964년에 출간된 이 소설은 독자와 문단의 찬사를 받았으며, 2007년에는 영화로도 만들어졌다. 고독과 육체적 고통, 삶의 마지막 불빛을 마주한 구십 대 노년 여성의 삶을 그리고 있다. 과거와 현재를 교차시키며 한 여자의 일생을 들여다보고, 그녀의 감춰진 이야기를 통해 연민과 화해, 구원에 대한 메시지를 전한다.

『스톤 카버 Stone Carver』
제인 어쿼터 | 2001

캐나다의 소설가 제인 어쿼트의 소설이다. 첫사랑을 전쟁에서 잃은 클라라 베커와 전쟁에서 한쪽 다리를 잃은 틸먼 베커 남매의 이야기를 통해 제1차 세계대전을 조명한다. 이 소설로 부커상 후보에 올랐다.

『언더페인터 The Underpainter』
제인 어쿼터 | 1997

예술 세계와 인간 감정의 영역이 충돌하는, 서로 얽히고설킨 삶을 다룬 소설이다. 노년의 미국 화가 오스틴 프레이저가 과거를 회고하며 감정과 기억을 지워낸 삶을 고백하는 이야기이다. 감정을 억누른 채 살아온 예술가의 고립과 내면을 섬세하게 그려낸 소설로, 캐나다 총독 문학상을 수상했다.

『여자들 The Women』
힐튼 알스 | 1997
《뉴요커》의 기자, 힐튼 알스의 자전적 고찰과 인물 묘사를 통해 흑인 여성, 성적 다양성, 문화에 대한 사회적·심리적 탐구를 연결하는 에세이이다. 작가가 다루는 대상의 삶과 작품에서 성적·인종적 정체성이 어떤 역할을 했는지 분석하는 일련의 초상으로 구성되었다.

『잉글리시 페이션드 The English Patient』
마이클 온다치 | 1992 | 국내 출간 1997
마이클 온다치가 쓴 역사소설로, 제2차 세계대전 말기 폐허가 된 이탈리아 수도원에 모인 네 사람의 이야기를 중심으로 전개된다. 1992년 부커상을 수상했고, 1996년 영화화되어 아카데미 작품상을 비롯한 9개 부문을 수상했다.

『할머니의 기억은 어디로 갔을까? Wilfrid Gordon McDonald Partridge』
멤 폭스 | 1984 | 국내 출간 2009
『할머니의 기억은 어디로 갔을까?』는 어린 소년 윌프리드와 기억을 잃은 할머니 나시코퍼의 따뜻한 우정을 그린 그림책이다. 윌프리드는 기억이 무엇인지 고민하며, 할머니가 기억을 되찾을 수 있도록 자신만의 소중한 물건들을 모아 전달한다. 이 책은 기억의 의미와 세대 간의 연결을 다정하게 보여주는 아름다운 이야기이다.

『흩어지는 조각들 Fugitive Pieces』
앤 마이클스 | 1996

캐나다 시인이자 소설가인 앤 마이클스의 소설. 1940년, 나치군이 가족을 학살한 폴란드의 폐허에서 자신을 묻고 숨었던 일곱 살 소년 야콥 비어가 그리스 지질학자 아토스에게 발견되며 이야기가 시작된다. 전쟁의 공포와 상실, 가족과 기억의 무게 속에서도, '의미'를 찾아가는 여정을 통해 인간의 회복력을 아름답고 시적인 언어로 보여주는 소설로, 뉴욕 타임즈 올해의 주목할 만한 책, 랜넌 문학 소설상, 가디언 소설상 등을 수상했다.

『현기증 Vertigo』
루이즈 디살보 | 1996

이탈리아계 미국인 여성으로 1950년대 뉴저지에서 자란 저자의 복잡한 성장기를 풀어낸 작품으로 여성, 이민자, 문학, 정체성, 정신적 회복이라는 주제를 자전적이고도 깊이 있게 풀어낸 회고록이다.

찾아보기

인명

거다 러너	130
데이비드 블레이치	63, 144
데이비드 스미스	65
데이비드 아브람	93
도나 알버만	118
돌로레스 반 더 웨이	51-52
레베카 루스 캐플러	118, 196, 231
로버트 폴포드	101
로이스 로리	17, 51, 147
루이즈 디살보	36, 38, 75, 78-79, 81-84, 231
루이즈 로젠블랫	40, 60, 69, 140-141
리처드 로티	29, 44-46, 55, 61, 122-124, 138, 152
리처드 비치	142, 231
린다 레이들로	113
마거릿 로렌스	27, 32-35, 218-219
마거릿 애트우드	218
마르틴 하이데거	34, 63, 144
마사 브룩스	19, 166
마사 스튜어트	110-111
마이클 온다치	17, 49, 121, 147, 217, 222
마크 살츠만	19, 187, 189
매들린 그루멧	37, 200, 231
멤 폭스	18, 89

257

모리스 메를로 퐁티	79, 128
미셸 푸코	103
버지니아 울프	36, 38, 218
볼프강 이저	40, 62, 66-67, 69
	141, 144, 147
브렌트 데이비스	231
샤론 부탈라	182
수잔 그리핀	65
수잔 랭어	84
신시아 루이스	141
아델 와이즈먼	17
알버트 보르그만	34, 140
앤 마이클스	15, 19, 23, 27
	117-118, 120-121, 151-152
	178, 206, 214, 220
에반 톰슨	198
엘리노어 로쉬	198
엘리자베스 헤이	161
올리버 색스	203
움베르토 마투라나	198
움베르토 에코	39, 148
윌리엄 셰익스피어	210-212
재닛 밀러	230
제롬 브루너	31, 58
제롬 하르스테	231
제인 갤럽	177-178, 201
제인 어퀘트	36, 222
제인 플랙스	105
제임스 킹	32, 219
조나단 컬러	163
조지 호루비	118
존 듀이	141
주디스 리치 해리스	98
지넷 윈터슨	82, 182

츠베탄 토도로프	141
캐럴 실즈	218
캐슬린 노리스	182
토니 모리슨	82
틱낫한	182
패트 추크럭	177, 199
프란시스코 바렐라	198
프랑수아 리오타르	30
프랜시스 베이컨	165
피터 게이	136-137, 152
한스 게오르그 가다머	37, 63, 121, 137
헤로도토스	50, 68
힐튼 알스	76, 83-84

지명 · 장소

그리스	50, 118
독일	34, 120, 127, 130-132
	134-136, 229
비미 능선	36
세계무역센터	206
캐나다	32-33, 118, 129, 131
	138, 155, 160, 166-167
	214-218, 229
____원주민	217
____의 정체성	214
____문학	31
퀘벡	216-217
토론토	32, 118-119
폴란드	118, 120, 130
홀로코스트 박물관	205

주제어

가입   101-103, 113
　　이야기와 ____   101
가정법 형태   31
가톨릭   187
　　____ 수련회   20
　　____ 피정   187-188, 191, 206
경험 기술적   16, 18, 45, 117-118, 145
경험
　　인간(의) ____   14, 30, 63, 118, 125
                              143, 164, 218, 222
　　문학적 ____   15, 43-44, 49
　　장소와 ____   15, 80, 125
　　언어와 ____   35, 132-133
　　기억과 ____   94-95, 213
　　이야기와 ____   30, 106
　　표현과 ____   29, 76, 139
공유된 읽기   56
공통 공간   15-16, 51, 60, 63
                              76, 124, 140, 144-145
                              147-148, 150-151, 187
관계
　　문학 작품과의 ____   50, 64
                                        182, 213
　　문학적 ____   42, 64, 82
교사   57
　　훌륭한(좋은) ____   100-101
                                        111, 175
　　____ 의 경험   173
　　____ 의 연구   77-79
교사 양성   104, 113
교수
　　____ 능력   172

____ 법   154, 199
____ 에 대한 평가   172-173
교육과정   61, 68, 84, 98, 225
　　____ 연구   37, 43-44
　　____ 이론   31, 133
교육학   61
　　목적론적 ____   61
구성주의 학습이론   142
기술 technology
　　전자 통신 ____   38
　　의식과 ____   103
기억하는   69, 105, 112, 119
                              146, 174, 199
　　____ 행위   92
　　____ (방)법   118, 217
기초 독서 교과서   159
나치   123, 127, 135-136
뇌   107, 198, 204
　　정체성과 ____   130-131
　　언어와 ____   109
다시 읽기   126-127
　　____ 의 효과   42
　　____ 활동   50, 69, 178
　　____ 행위   42, 146
　　학교에서의 ____   52-54
담론적 실천   19, 133
대화   196
독서 클럽   142
독서(의) 맥락   16, 56, 60, 141
독자 반응   56, 68, 147
　　(에 관한) 연구   41, 44
　　____ 이론(가)   44, 60, 99, 142, 152
　　____ 방법   148, 154
문학 인류학과 ____   148

259

동일시	16, 38-43, 58-59, 62		181-182
	65, 83, 98, 100, 103, 121-124	사회 정의	138
	138, 145, 148-149, 151, 179	산물	121, 151, 221
디지털 공간에서의 의사소통	38, 126	문화적 ___	57-58, 63-64
마음챙김	19, 148		117, 123, 202
문학 인류학	62-64, 144-145, 154	상상력	14, 20, 30, 196
___ 적 (연구) 방법	19	상호 텍스트	69
	142-146, 150	___ 적 해석	70
독자 반응과 ___	148, 154	___ 적 경험	144
문학 작품의 분석	210-211	생물학과 현상학	79, 81, 84, 128
문학적 동일시	42, 122	생태학	40, 108-109
문학적 상상력	40-41	성적 매력	171
문학적 참여	14, 16-20, 32, 37	세대 간 해석 작업	98
	39-41, 43-44, 46, 55-57	소리 내어 읽기	98-99
	60, 62, 64, 66, 68, 71-72	수학	110
	82, 99, 110, 140, 142, 148	슬픔	41-42
	151, 154, 179, 181, 218-219	시 읽기	77
	222, 225-226, 230	신경 과학	107
문해 행위	38, 44, 103, 106, 109	___ 연구	79
미드라시	67, 70	신체화	142
민족주의적 서사	214	이중적으로 ___ 됨	79
민족지학	30, 122, 152	실용주의(자)	61-62, 69, 71
민족지적 글쓰기	144	아카이브	55, 58, 70-71, 146, 246
반본질주의	44, 57, 138	연구	
변증법	71	허구로서의 ___	143
본성 대 양육 논쟁	107	인문과학 ___	18, 128, 143
불교	198	연극	212-213, 223
불확정성	69-70, 147-151, 245	영성	192, 194
비밀		예술과 증언	83
___ 의 효과	168-170	예술과 표현	37
정체성과 ___	129	율법	66-67
비판적(으로) 해석	55, 60, 82-83	의식 ritual	42, 58-59, 70, 96
	138, 151		189, 206, 221
사랑에 대한 학습	166, 177-179	이론의 정의	163-164

이성	164-165		150, 153	
이야기 장면	113	주이상스	194	
이주 경험	124-125	주체성	106, 123, 138	
이중 언어 (사용)	216	＿＿의 형성	125	
익숙함		＿＿의 정의	100, 119	
＿＿의 중단	37, 176, 180, 201	역사와 ＿＿	127	
＿＿의 문제	200, 204	언어와 ＿＿	130	
독서와 ＿＿	211, 221	장소와 ＿＿	129	
인간과 환경	108	지리적 변화	17	
인류학	143, 152	지형		
인식하는 법	162	심리적 ＿＿	27	
인지	31	기억의 ＿＿	94	
인터넷	38, 103-104, 149, 209	경험의 ＿＿	95	
자서전	27-28, 112, 219	텍스트의 ＿＿	178-179, 218, 222	
＿＿쓰기의 경험	101	사고의 ＿＿	203	
＿＿의 해석	111	진실	29, 35, 66, 102, 149	
교사 교육에서의 ＿＿	104-106		165, 168, 224	
자세히 읽기	14, 19, 68, 177, 179	＿＿과 허구	99	
	210-211, 224	창의		
자아 정체성	63, 94, 101, 104, 109	＿＿적인 작업(일)	45, 109	
	123, 144, 167, 170		139, 221	
작가의 작업	220-221	질병과 ＿＿	190-191	
장소에 대한 감각	33, 125	초점 행위	34, 182, 213-214, 225, 230	
재편	122	커먼플레이스 북	17, 50-52, 55-58	
전기	32, 36, 129		61-63, 67-72, 75-76	
정보			121, 150, 217	
해석과 ＿＿	64, 72	코기토	90	
학습과 ＿＿	165	트라우마	79, 119-120	
정신분석학	133	포스트구조주의	61, 133, 143	
정전 텍스트	67, 70	언어와 ＿＿	43	
정체성 형성과 또래 그룹	97-98	프래그머티즘	133, 141, 152	
제2차 세계대전	18, 127, 129-131	학교교육	20, 60-61	
	137, 145, 152-153, 155, 229	해석 공동체	63, 144	
주석	16, 50, 63, 68-71, 145-146	해석학	63-66, 71, 77, 137	

변증법적 63
해석학적 순환 121
행복 163
행화주의 학습이론 142
홀로코스트 118-119, 124, 129
회고록 148-149
히브리어 알파벳 123

왜 학교에서 문학을 읽어야 하는가
상상하고 해석하며 다시 생각하기

초판 1쇄 발행 2025년 8월 29일

지은이 데니스 수마라
옮긴이 오윤주

펴낸곳 노르웨이숲
펴낸이 김정희

편집 문혜림
디자인 지노디자인 이승욱

출판등록 제 2022-000108호
등록일자 2021년 9월 3일
주소 서울시 마포구 신촌로2길 19, 302호
이메일 norway12345@naver.com

ISBN 979-11-93865-20-0 93370

- 이 책은 저작권법에 따라 보호받는 저작물이므로 무단 전재와 무단 복제를 금지하며, 이 책의 전부 혹은 일부를 이용하려면 반드시 저작권자와 노르웨이숲의 서면 동의를 받아야 합니다.
- 책값은 뒤표지에 있습니다. 잘못된 책은 서점에서 바꾸어 드립니다.